Regina Gade
Dorothée Maier

Die Inhaltsangabe –
7./8. Schuljahr

MANZ VERLAG

Das Werk und seine Teile sind urheberrechtlich geschützt. Jede Nutzung in anderen als den gesetzlich zugelassenen Fällen bedarf der vorherigen schriftlichen Einwilligung des Verlages.
Hinweis zu § 52 a UrhG: Weder das Werk noch seine Teile dürfen ohne eine solche Einwilligung eingescannt und in ein Netzwerk eingestellt werden. Dies gilt auch für Intranets von Schulen und sonstigen Bildungseinrichtungen.

2. Auflage 2004
Manz Verlag
© Ernst Klett Verlag GmbH, Stuttgart 2002
Alle Rechte vorbehalten
Lektorat: Peter Süß, München
Umschlaggestaltung: Werkstatt München: Weiss/Zembsch, München
Druck: Ludwig Auer GmbH, Donauwörth
Printed in Germany

ISBN 3-7863-1036-X

Tipps zum Training mit diesem Buch

Mit diesem Buch kannst du die Inhaltsangabe als Aufsatzform trainieren, Schritt für Schritt verstehen und deine Kenntnisse vertiefen. Egal, ob du Einsteiger bist oder zu den Fortgeschrittenen gehörst: Du findest hier alle wichtigen Infos – von der Zusammenfassung eines Textes bis zur erweiterten Inhaltsangabe mit Kernaussage.

In Kapitel A lernst du die Unterschiede zu Bericht, Erzählung und Nacherzählung sowie die allgemeinen Regeln zu Inhalt und Aufbau der Inhaltsangabe kennen.

Im zweiten Teil geht es um die Sprache der Inhaltsangabe: Du erhältst Tipps zur Verwendung der richtigen Zeitstufe, zu Ausdruck, Satzbau und zur Umwandlung der direkten in die indirekte Rede. Eine kurze Übersicht auf Seite 38f. fasst die wichtigsten Elemente der Inhaltsangabe zusammen.

In Kapitel C kannst du die Technik der Inhaltsangabe anwenden. Vier Texte aus dem Unterricht werden unter die Lupe genommen. Du lernst die einzelnen Arbeitsschritte – von der ersten Annäherung an den Text bis zur kompletten Inhaltsangabe. Zahlreiche Tipps helfen dir dabei. Natürlich sollst du dabei mitmachen: In kurzen Übungsaufgaben kannst du immer wieder zeigen, ob du alles verstanden hast.

Lass dir Zeit zum Üben und vergleiche deine Ergebnisse immer erst dann mit den Lösungsvorschlägen, wenn du mit einer Aufgabe fertig bist.

Mit diesem Buch kannst du zusätzlich zum Unterricht im 7. und im 8. Schuljahr gut trainieren – oder dich auf eine Klassenarbeit vorbereiten. Kurz vor der Prüfung helfen dir besonders die Tipps, Zusammenfassungen und Aufsatzbeispiele weiter.

Wir wünschen dir viel Spaß und Erfolg!

Inhalt

A Die Inhaltsangabe – Fragen und Antworten

1	Die Unterschiede zum Bericht	6
2	Die Unterschiede zur Erzählung und zur Nacherzählung	8
3	Die Technik der Inhaltsangabe	14
4	Einleitung, Schluss und Kernaussage	18

B Die Sprache der Inhaltsangabe

1	Die richtige Zeitstufe	22
2	Abstrakte Ausdrücke	25
3	Treffende Verben und Adjektive	28
4	Möglichkeiten beim Satzbau	31
5	Die indirekte Rede	34
6	Das Wichtigste auf einen Blick	38

C Aufgabenstellungen

1	Zusammenfassung einer Erzählung William M. Harg: *Der Retter*	40
2	Inhaltsangabe einer Kurzgeschichte Federica de Cesco: *Spaghetti für zwei*	60
3	Inhaltsangabe einer Ich-Erzählung Siegfried Lenz: *Das unterbrochene Schweigen*	86
4	Inhaltsangabe einer Zeitungsreportage Susanne Danke: *Das Asyl der Exoten*	114

Quellenangaben 128

A Die Inhaltsangabe – Fragen und Antworten

1 Die Unterschiede zum Bericht

Wir beginnen mit einem kleinen Quiz: Erkennst du im folgenden Text die
Handlung eines sehr bekannten Romans?

> Drei Kinder mit außergewöhnlichen Fähigkeiten erleben verwirrende Abenteuer mit Menschen, Tieren und sonderbaren Wesen. In der Schule wie in der Freizeit stellen die drei Freunde ihre Fähigkeiten unter Beweis. So helfen sie Mitschülern und Kameraden, die immer wieder in Not geraten. Sie bringen sich selbst in tödliche Gefahr, aus der sie ein Lehrer ihrer Schule rettet. Dabei hilft ihm jemand, der als vermeintlicher Mörder gesucht wird.
> Spannend und lebendig erzählt, verführt die Geschichte dazu, auch die anderen Bände der Reihe zu lesen. Doch nicht nur Kinder und Jugendliche, auch Erwachsene lesen diese Bücher und bewundern, wie die Autorin es schafft, sogar hartnäckige Nicht-Leser dazu zu bringen, dicke Romane zu verschlingen.

Ein kleiner Hinweis hilft dir bestimmt weiter: Die Schule, die die Kinder besuchen, kann nur mit einem ganz bestimmten Zug erreicht werden.

Überlege nun, welche Fragen du dir gestellt hast, um den gesuchten Roman zu finden. Sie sehen vermutlich so aus:

- Wer sind die Freunde?
- Was erleben und tun sie?
- Wo ist die Schule?
- Wann erleben sie ihre Abenteuer?
- Wie könnte das Buch heißen?

1 Die Unterschiede zum Bericht

> Fragen wie *Wer? – Was? – Wie? – Wann? – Wo?* heißen *W-Fragen*. Mit Hilfe der W-Fragen erhält man erste Informationen über Texte, Situationen und Ereignisse: Wer sind die Personen? Was erleben und tun sie? Wo und wann geschieht etwas?

Wichtig

Du hast sicher festgestellt, dass der Quiztext weder spannend noch besonders unterhaltsam ist. Das liegt daran, dass er sehr wenige Informationen über die Handlung des Romans enthält – und dies auch noch in einer ganz sachlichen Schreibweise. Vielleicht erstaunt es dich aber, dass man den Inhalt eines Romans mit fast 500 Seiten ganz knapp zusammenfassen kann. Dabei dürfen bestimmte Informationen nicht fehlen, sonst weiß der Leser nicht, worum es geht.

> Ein sachlicher Text soll informieren, etwas zusammenfassen und einen Überblick über ein Thema geben.

Wichtig

Aus dem Deutschunterricht kennst du bereits den Bericht als Aufsatzform. Berichtet hast du über Ereignisse, die du persönlich erlebt hast oder die dir andere erzählt haben – zum Beispiel über eine bestimmte Veranstaltung oder einen Unfall. Außerdem hast du Erzählungen in Berichte umgewandelt.

> Ein wichtiger Unterschied zwischen Bericht und Inhaltsangabe: Während Berichte vor allem über Ereignisse geschrieben werden, verfasst man Inhaltsangaben immer über Texte.

Wichtig

Inhaltsangaben oder Textzusammenfassungen begegnen dir täglich, zum Beispiel in Fernseh-Programmzeitschriften und im Klappentext / auf der Umschlagrückseite von Büchern. Solche Texte bieten knappe, sachliche Infos über den wesentlichen Inhalt einer Sendung oder eines Buches und helfen dem Leser zu entscheiden, ob es sich für ihn lohnt, sich die Sendung anzuschauen oder das ganze Buch zu lesen.

A Die Inhaltsangabe – Fragen und Antworten

2 Die Unterschiede zur Erzählung und zur Nacherzählung

Mit welcher Absicht wird eine Inhaltsangabe im Unterschied zu einer Textnacherzählung geschrieben?

Wichtig

> Eine Nacherzählung fängt mit eigenen Worten die Handlung und die Stimmung eines Textes ein.
>
> Die Inhaltsangabe fasst kurz und sachlich die Handlung und die Stimmung eines Textes zusammen.

Schauen wir uns gemeinsam einen ersten Text an. Es ist ein Ausschnitt aus dem mittelalterlichen Epos „Parzival", das Auguste Lechner für Jugendliche neu geschrieben hat. Bis zum Textausschnitt hat sich Folgendes ereignet: Königin Herzeloide ist nach dem Tod ihres Mannes Gahmuret schutzlos den Feinden ihres Thrones ausgeliefert. Deshalb flieht sie eines Tages mit ihrem Kind Parzival und einigen Getreuen, darunter Tampanis, vom Schloss, um sich in der Einöde von Soltane niederzulassen, einem Gutshof inmitten riesiger Wälder gelegen.

> Indessen lebte Parzival das unbewußte Leben der Kindheit, ohne Ahnung, daß der Umkreis, den er kannte, nicht die ganze Welt war. Aber selbst in diesem Umkreis gab es vieles, was er nicht begriff. Des Morgens (...) sah er manchmal die Knechte von der Jagd heim-
> 5 kommen. Dann trugen sie stets den Köcher mit den Bolzen umgeschnallt und den großen Bogen mit der Sehne, die einen so böse singenden Ton gab, wenn man sie anzog und zurückschnellen ließ. Aber sie trugen auch noch etwas anderes, regungslos aufgereiht an einer Stange, mit zusammengebundenen Läufen und baumelnden
> 10 Köpfen: das waren diese Tiere, vor denen er ein wenig Grauen empfand, und die ihn dennoch zwangen, mit weitaufgerissenen Augen hinter den Knechten herzutrotten. (...)
> „Warum rühren sie sich nicht? Warum laufen sie nicht fort?" forschte er atemlos und trabte neben Tampanis her.
> 15 „Weil sie tot sind", antwortete Tampanis kurz. (...)

2 Die Unterschiede zur Erzählung und zur Nacherzählung

Sie sahen alle so auf eine besondere Weise arm aus, daß man beinahe weinen mußte.

„Tut es weh?" fragte er stockend, weil ihm so eng im Halse war.

„Was? Tot sein? Nein, tot sein tut nicht mehr weh", sagte Tampanis
barsch, ergriff ihn an der Schulter und drehte ihn kurzerhand dem   20
Hause zu. „Siehst du, deine Mutter wartet auf dich." (...)

Später sah er zu, wie die Knechte mit Pfeil und Bogen nach allerlei
Zielen schossen, nach Harzlöchern in den Stämmen, nach Blättern
und Früchten an den Bäumen. Es dünkte ihn ein lustiges Spiel. Er
stand dabei, hielt die Hände auf dem Rücken und dachte sehnsüch-   25
tig, daß er gerne auch schießen möchte, wenn nur die Bogen nicht
gar so groß wären. (...) Plötzlich fiel ihm etwas ein und er lief davon.
[In der Werkzeugkammer bastelt er sich aus einem Weidenzweig
einen Bogen und Pfeile aus Holzspänen.] Er hörte nicht, wie seine
Mutter eintrat, und er merkte nicht, daß sie schon eine Weile hinter   30
ihm stand und ihm zusah.

Endlich legte sie ihm die Hand auf die Schulter. „Was tust du da?"
Er fuhr in die Höhe: ihre Stimme hatte so traurig geklungen, und
nun sah auch ihr Gesicht so traurig aus, wie er es gar nicht mochte.
Aber es schien ihm nicht böse, was er da tat, und so sagte er ernst-   35
haft: „Ich schnitze mir Bogen und Pfeile, damit ich auch schießen
kann wie Tampanis und die Knechte." (...)

„Wonach willst du denn schießen?" fragte sie und hatte ein wenig
Angst: er sollte kein Tier töten, so jung wie er war. Aber daran
dachte Parzival gar nicht.   40

Seine (...) Hand schob ein paar Haarsträhnen aus der Stirn. „Nach
allem, was ich treffen kann, Mutter", lachte er. „Nach Bäumen,
Blättern, Blumen, Steinen ... ach, ich weiß nicht, was."

Frau Herzeloide lächelte zufrieden: so war es gut. Mochte er sich an
diesem neuen Spiel freuen. Es fiel ihm gewiß nicht ein, Tieren nach-   45
zustellen.

A   Die Inhaltsangabe – Fragen und Antworten

Der Text enthält einige Wörter, deren Bedeutung du vermutlich nicht genau kennst. Schlage sie zuerst in einem Wörterbuch nach.

1. In welcher Aufsatzart solltest du (in der Grundschule sowie im 5. und 6. Schuljahr) mit sprachlichen Mitteln Spannung und Gefühle beim Leser deines Aufsatzes erzeugen?

Richtig, in der Erzählung! Dazu zählen die Erlebniserzählung, die Erzählung einer Bildergeschichte, die Fantasiegeschichte oder die Ausgestaltung eines Erzählkerns.

2. Welche Wörter und sonstigen sprachlichen Mittel des Textes tragen dazu bei, dass die Erzählung über Parzivals Jugend für dich als Leser spannend und unterhaltsam wird?

Solche Mittel sind:

- Wörtliche Rede (zwischen Parzival und Tampanis sowie zwischen Parzival und seiner Mutter)
- Wörter wie *Dann* (Z. 5) oder *Plötzlich* (Z. 27)
- Ausschmückende Adjektive und Adverbien, die Gefühle ausdrücken und beim Leser erzeugen, zum Beispiel *traurig* (Z. 33), der *böse singende* Ton der Sehne (Z. 6 f.) oder *mit weitaufgerissenen Augen* (Z. 1 f.).

3. Markiere im Textausschnitt von „Parzival" von Zeile 13 bis Zeile 27 alle Wörter, Satzteile und Sätze, die typisch für eine Erzählung sind.

Folgende Textstellen solltest du markiert haben:

„Warum rühren sie sich nicht? Warum laufen sie nicht fort?" forschte er atemlos und trabte neben Tampanis her.
„Weil sie tot sind", antwortete Tampanis kurz. (...)
Sie sahen alle so auf eine besondere Weise arm aus, daß man beinahe weinen mußte.
„Tut es weh?" fragte er stockend, weil ihm so eng im Halse war.
„Was? Tot sein? Nein, tot sein tut nicht mehr weh", sagte Tampanis barsch, ergriff ihn an der Schulter und drehte ihn kurzerhand dem Hause zu. „Siehst du, deine Mutter wartet auf dich."

2 Die Unterschiede zur Erzählung und zur Nacherzählung

Später sah er zu, wie die Knechte mit Pfeil und Bogen nach allerlei Zielen schossen, nach Harzlöchern in den Stämmen, nach Blättern und Früchten an den Bäumen. Es dünkte ihn ein lustiges Spiel. Er stand dabei, hielt die Hände auf dem Rücken und dachte sehnsüchtig, daß er gerne auch schießen möchte, wenn nur die Bogen nicht gar so groß wären. (...) Plötzlich fiel ihm etwas ein und er lief davon.

4.   Wenn du in der Lösung zu Aufgabe 3 alle markierten Stellen weglässt und
         sachlich – unter Beachtung der Regeln für das Schreiben eines Berichts –
         vorgehst, also auch eigene Formulierungen findest, hast du den Text schon
         fast richtig zusammengefasst. Probiere es doch gleich einmal aus und
         schreibe deinen Vorschlag auf die Zeilen.

A Die Inhaltsangabe – Fragen und Antworten

Dein Text könnte so aussehen:

> Der Anblick der toten Tiere brachte Parzival beinahe zum Weinen. Er stellte Tampanis viele Fragen über die aufgespießten Tiere. Er wusste nicht, dass tote Tiere sich nicht mehr bewegten und keinen Schmerz empfanden. Tampanis wollte Parzival keine näheren Erklärungen geben und schickte ihn zu seiner Mutter. Während Parzival die Knechte beim Bogenschießen beobachtete, wollte er auch das Schießen lernen. Er ging in den Werkzeugschuppen, um sich einen Bogen zu schnitzen, der seiner Körpergröße entsprach.

In diesem Text wurden einige Regeln für das Schreiben eines Berichts verwendet:

- Die wörtliche Rede fehlt.
- Der Stil ist sachlich und ohne spannende Elemente.
- Der Text ist überwiegend selbstständig geschrieben und enthält kaum Formulierungen der Vorlage.

Diese Elemente sind auch bei der Inhaltsangabe wichtig. Einen großen Unterschied gibt es aber: Während ein Bericht im Imperfekt (= Präteritum) geschrieben werden muss, steht die Inhaltsangabe – wie die Beschreibung – im Präsens.

Wichtig

> Die Inhaltsangabe wird im Präsens geschrieben. Das Präsens ist nicht nur ein Tempus der Gegenwart, sondern auch ein Tempus der Zeitlosigkeit. Was im Präsens steht, hat immer Gültigkeit: in der Vergangenheit, in der Gegenwart und in der Zukunft. Genauso ist die Zusammenfassung eines literarischen oder sachlichen Textes zu jeder Zeit gültig.

5. Welche der folgenden Adjektive treffen nicht auf eine Inhaltsangabe zu? Streiche sie durch.

knapp	gefühlsbetont	klar
sachlich	zusammenfassend	mitreißend
genau	gekürzt	objektiv

Alles klar? Natürlich darf eine Inhaltsangabe weder *gefühlsbetont* noch *mitreißend* sein.

2 Die Unterschiede zur Erzählung und zur Nacherzählung

Wichtig

Die wesentlichen Unterschiede zwischen der Erzählung / Nacherzählung und Inhaltsangabe sind:

	Erzählung / Nacherzählung	**Inhaltsangabe**
Ziel	Unterhaltung des Lesers	Kurzinformation des Lesers
Sprache	anschaulich, lebendig, spannend wörtliche Rede	sachlich, objektiv, kurz und bündig keine wörtliche Rede
Zeitstufe	Perfekt oder Präteritum	Präsens

Die Inhaltsangabe trägt dazu bei, die Textvorlage (= einen literarischen oder sachlichen Text) besser zu verstehen. Vor dem Schreiben einer Inhaltsangabe hast du dich so intensiv mit der Textvorlage beschäftigt, dass du nicht nur die Handlungen der Personen als wichtig erkannt hast, sondern dass du auch die Gründe, Absichten und Folgen von Handlungen herausgearbeitet hast. Die Inhaltsangabe dient also vor allem dir selbst, nämlich als Werkzeug zur gedanklichen Auseinandersetzung mit einem Text.

A   Die Inhaltsangabe – Fragen und Antworten

3   Die Technik der Inhaltsangabe

Wie holst nun du die wichtigen Informationen für die Inhaltsangabe aus einem Text heraus? Du erinnerst dich: Erzählende Texte sind in Sinnabschnitte eingeteilt und klar aufgebaut. Das heißt, sie bestehen aus einer Abfolge von Ereignissen, Kommentaren zur Handlung, von Dialogen usw. Wenn du selbst Erzählungen schreibst, gliederst du diese ja auch in Absätze, die zum Beispiel den Stufen auf einer Spannungstreppe entsprechen. Etwas kniffliger wird die Sache dadurch, dass nicht jeder Sinnabschnitt eines Textes, den du liest, durch einen Absatz sichtbar ist.

6.   Lies den Textausschnitt aus Parzival (siehe Seite 8f.) noch einmal gründlich durch und markiere mit einem Stift, wo jeweils ein neuer Sinnabschnitt beginnt. Stelle dir dabei folgende Fragen: Worum handelt es sich jetzt? – Ist eine Handlungseinheit zu Ende? – Wo beginnt eine neue Handlungseinheit? Schreibe deine Lösungen auf die Zeilen.

1. Sinnabschnitt: von Zeile _____ bis Zeile _____

2. Sinnabschnitt: von Zeile _____ bis Zeile _____

3. Sinnabschnitt: von Zeile _____ bis Zeile _____

4. Sinnabschnitt: von Zeile _____ bis Zeile _____

Folgendermaßen könntest du die Sinnabschnitte markiert haben: 1. Sinnabschnitt: Z. 1 – 3; 2. Sinnabschnitt: Z. 4 – 21; 3. Sinnabschnitt: Z. 22 – 31; 4. Sinnabschnitt: Z. 32 – 46. Du hast bemerkt, dass Sinnabschnitte nicht automatisch mit Textabsätzen zusammenfallen, wie etwa im vierten Sinnabschnitt.

Nun geht es darum, wie du die wichtigsten Informationen aus den einzelnen Sinnabschnitten herausfiltern kannst. Verwende dazu einen Trick, der immer gut klappt. Du kennst sicher die Funktion von Überschriften in Büchern oder Zeitungen. Sie geben knapp – in einem kurzen Satz oder in wenigen Stichwörtern – möglichst genau an, was im folgenden Text als Inhalt zu erwarten ist. Du kennst Überschriften wie *Von einem der auszog, das Fürchten zu lernen* (= Überschrift als Satz formuliert) oder *Emil und die Detektive* (= Überschrift im Nominalstil formuliert).

3 Die Technik der Inhaltsangabe

7. Finde für jeden der Sinnabschnitte, die du im Parzival-Text markiert hast
(vgl. Aufgabe 6), eine knappe, aber möglichst aussagekräftige, genaue Überschrift im Nominalstil oder in ein bis zwei Sätzen. Die wichtigsten Informationen für jeden Sinnabschnitt sollten enthalten sein.

1. Sinnabschnitt: _____

_____

_____

2. Sinnabschnitt: _____

_____

_____

3. Sinnabschnitt: _____

_____

_____

4. Sinnabschnitt: _____

_____

_____

So können deine Lösungen – in ganzen Sätzen formuliert – aussehen:
1. Sinnabschnitt: Parzival kennt als Kind nur einen kleinen Ausschnitt aus der
Wirklichkeit.
2. Sinnabschnitt: Parzival fürchtet sich vor dem Anblick toter Tiere und stellt die
Frage nach dem Tod, die ihm aber nicht beantwortet wird.
3. Sinnabschnitt: Parzival wünscht sich Pfeil und Bogen, wie sie die Knechte
haben, und baut sich beides selbst.
4. Sinnabschnitt: Herzeloides Angst um Parzival wegen seines Interesses für
Waffen wird von Parzival zerstreut.

In Form knapper Überschriften sieht es dann so aus:
1. Sinnabschnitt: Parzivals eingeschränktes kindliches Leben
2. Sinnabschnitt: Parzivals Furcht beim Anblick getöteter Tiere und seine unbe-
antwortet gelassene Frage nach dem Tod
3. Sinnabschnitt: Parzivals Wunsch nach Besitz von Pfeil und Bogen
4. Sinnabschnitt: Herzeloides Angst um Parzivals Unschuld

A Die Inhaltsangabe – Fragen und Antworten

Wenn du die Überschriften zu den einzelnen Sinnabschnitten aneinander reihst: Hast du dann schon einen Aufsatz? – Natürlich nicht! Eine Reihe von Sätzen oder von Überschriften ergibt noch keinen Aufsatz. Was brauchst du also noch für deinen Aufsatz und wie findest du das heraus?

Richtig: Du liest erneut den Originaltext sorgfältig durch und vergleichst ihn mit deinen Sätzen / Überschriften. Wenn in deinen Sätzen / Überschriften eine wichtige Information fehlt, musst du sie aus dem Text ergänzen. Auf der anderen Seite gilt: Wenn du Unwichtiges aufgeschrieben hast, streichst du es.

8.   Die gedruckten Lösungsvorschläge zu Aufgabe 7 beinhalten ein sprachliches Problem. Welches?

Genau: Die meisten dieser Sätze / Überschriften fangen mit dem Wort *Parzival* an. Es handelt sich also immer um den gleichen Satzbau. Dies ist aber langweilig und deshalb schlecht.

Wichtig

> Auch beim Schreiben sachlicher Texte solltest du eine Sprache verwenden, die abwechslungsreich und anschaulich ist. Das muss der Regel, sachlich und objektiv zusammenzufassen, nicht widersprechen. Zur Sprache der Inhaltsangabe siehe auch Kapitel B in diesem Buch (ab Seite 22).

3 Die Technik der Inhaltsangabe

Unser Lösungsvorschlag, wie du die Sätze / Überschriften zu einem zusammenhängenden Text verknüpfen kannst, lautet:

> Parzival lebt als Kind in der Einöde und kennt nur einen kleinen Ausschnitt aus der wirklichen Welt. Er fürchtet sich beim Anblick der toten Tiere, die die Diener seiner Mutter von der Jagd mitbringen. Seine Frage nach dem Tod, die er einem der Diener stellt, wird von diesem aber nicht beantwortet. Fasziniert vom Anblick der Waffen – Pfeil und Bogen –, mit denen die Diener üben, beginnt Parzival, sich selbst einen Bogen zu bauen und Pfeile zu schnitzen. Da seine Mutter durch diese Beschäftigung Parzivals mit den Waffen sehr beunruhigt ist, fragt sie nach den Zielen, die er treffen möchte. Seine Antwort beruhigt sie zunächst.

Die farbigen Wörter kennzeichnen die Informationen, die wir aus dem Originaltext ergänzt haben, damit die Zusammenfassung möglichst genau wird.

Eine Inhaltsangabe muss alle zum Verständnis wichtigen Aussagen eines Textes enthalten. Sie soll also genau – und dennoch kurz sein.

Wichtig

17

A   Die Inhaltsangabe – Fragen und Antworten

4   Einleitung, Schluss und Kernaussage

Aufsätze bestehen immer aus mehreren Teilen. Du kennst bereits Einleitung und Schluss, die beide sowohl bei der Erzählung als auch im Bericht eine wichtige Rolle spielen. Was für diese Aufsatzformen richtig ist, trifft in ähnlicher Weise für die Inhaltsangabe zu.

Beginnen wir mit der Einleitung. Bei einer guten Inhaltsangabe weiß man gleich am Anfang, worum es geht. Der Hauptteil entfaltet dann die Geschehnisse Schritt für Schritt. Erinnere dich an die Einleitung im Bericht: Wie bist du dabei vorgegangen? Richtig: Du hast die W-Fragen beantwortet, um in den ersten Sätzen klare Informationen zu geben. Diese Vorgehensweise kann sich auch bei der Inhaltsangabe als sehr sinnvoll erweisen.

Die Einleitung enthält eine erste Information über den Text. Sie muss folgende Angaben enthalten:

✘   Um welche Textart handelt es sich?   ▶   Sage oder Jugendroman

✘   Wie lautet der Titel des Textes?   ▶   „Parzival"

✘   Wie heißt der Autor / die Autorin?   ▶   Auguste Lechner

✘   Worum geht es (= Thema des Textes)?   ▶   Parzivals einsames Leben als Kind

9.   Wie könnte die Einleitung für eine Inhaltsangabe des Parzival-Textausschnitts (siehe Seite 8f.) aussehen? Schreibe deinen Vorschlag auf die Zeilen.

_____

_____

_____

_____

_____

_____

_____

4 Einleitung, Schluss und Kernaussage

Deine Einleitung könnte so lauten:

> Im Textausschnitt aus der Sage „Parzival" von Auguste Lechner wird erzählt, wie der junge Parzival abgeschieden von der Gesellschaft bei seiner Mutter und wenigen Dienern aufwächst.

Für den **Schluss** deiner Inhaltsangabe hast du zwei Möglichkeiten:

✘ Du beendest deine Inhaltsangabe, ohne eigene Gedanken zu äußern.

✘ Du schreibst einen Schluss, in dem du deine eigene Meinung mitteilst.

Welche Variante du auch nimmst: Frage vorher deine Lehrerin / deinen Lehrer, um rechtzeitig zu wissen, was sie / er von dir erwartet.

Wichtig

> Wenn du über das Schreiben eines Schlussteils nichts in Erfahrung gebracht hast, hast du folgende Möglichkeit: Am Ende deiner Inhaltsangabe kannst du deine persönliche Meinung zum Text formulieren – ob / warum er dir gefallen hat und ob / warum du weiterlesen würdest (wenn es sich um einen Ausschnitt aus einem längeren Text handelt). Achte aber darauf, dass du nicht einfach schreibst: *Der Text hat mir gefallen, weil er interessant ist.* Diese Aussage ist zu allgemein und daher nicht geeignet.

10. Wie könnte der Schluss deiner Inhaltsangabe zum Parzival-Textausschnitt (siehe Seite 8f.) aussehen? Äußere darin deine eigene Meinung über den Text.

_____

_____

_____

_____

_____

_____

A Die Inhaltsangabe – Fragen und Antworten

Dein Schluss könnte so lauten:

> Der Ausschnitt aus der Sage „Parzival" hat mir gefallen, weil ich gut verstehen kann, dass Herzeloide nicht will, dass ihr Sohn auf Tiere schießt. Wahrscheinlich wird er es eines Tages aber doch tun, da das Kämpfen und Töten zum Alltag der Ritter gehörte.

Für den Einstieg in die Inhaltsangabe kennst du nun schon wichtige Schritte. Spätestens im 8. Schuljahr kommt jedoch ein weiterer Punkt hinzu: Dann sollst du in einer erweiterten Inhaltsangabe die Kernaussage herausarbeiten. Dies kannst du in der Einleitung machen; wir finden es aber leichter, die Kernaussage zu formulieren, nachdem die Inhaltsangabe erarbeitet wurde, weil du zu diesem Zeitpunkt den besseren Durchblick hast.

Wichtig

> Die Kernaussage eines Textes ist, wie der Name schon sagt, das, was im Innersten des Textes versteckt ist und – wie bei Nüssen – „geknackt" werden muss. Die Kernaussage kann in der Einleitung oder im Schlussteil stehen.

Was ist der Kern oder „Knackpunkt" des Parzival-Textausschnitts auf Seite 8f.? Du hast beim Lesen sicher verstanden, dass es nicht nur um Parzivals Leben in der Einöde geht, sondern auch darum, dass ihm in dieser Abgeschiedenheit etwas entgeht. Ergänzt man unseren Lösungsvorschlag zur Einleitung (siehe Seite 19) um die Kernaussage, so sieht dies etwa so aus:

> Im Textausschnitt aus der Sage „Parzival" von Auguste Lechner wird erzählt, wie der junge Parzival, der abgeschieden von der Gesellschaft bei seiner Mutter und wenigen Dienern aufwächst, seine Kindlichkeit verliert.

4 Einleitung, Schluss und Kernaussage

11. Formuliere die Kernaussage nun so um, dass sie den Schluss deiner Inhaltsangabe bilden kann. Lass dabei deine persönliche Meinung weg.

_____

_____

_____

_____

_____

_____

So könnte dein Schluss formuliert sein:

> In diesem Textausschnitt wird erzählt, wie Parzival trotz seines abgeschiedenen Lebens seine Kindlichkeit verliert. Er macht Bekanntschaft mit Waffen und mit dem Tod, wodurch die Bemühungen seiner Mutter, ihn von der Welt fern zu halten, in Frage gestellt werden.

Wichtig

Wenn du weitere Informationen zu einem Textausschnitt hast – wenn es sich zum Beispiel um den Ausschnitt aus einem Roman handelt, den du gelesen hast –, kannst du deine Kenntnisse im Schlussteil ergänzend einbringen, etwa so:

„Parzival verlässt eines Tages die Geborgenheit seiner kindlichen Umwelt und findet nach jahrelangem Umherziehen und vielen Erfahrungen im Kampf zu seinem Glück: Er wird Gralskönig."

B Die Sprache der Inhaltsangabe

1 Die richtige Zeitstufe

In diesem Kapitel beschäftigen wir uns mit der passenden Sprache und dem richtigen Ausdruck bei der Inhaltsangabe. Lies zunächst einen weiteren Auszug aus „Parzival". Vorangegangen sind im Text folgende Ereignisse: Herzeloide merkt bald, dass sie ihren Sohn von der Erfahrung des Todes und des Tötens nicht ganz abschirmen kann. So erklärt sie ihm, dass Gottes Wille das Leben der Menschen bestimme. Parzival glaubt in seiner Kindlichkeit, er könne Gott überall begegnen. Gleichzeitig sehnt er sich immer mehr danach, Soltane und seine Mutter zu verlassen. Doch noch kann er diese Sehnsucht nicht in die Tat umsetzen.

Parzival war früh in der Dämmerung vom Hofe fortgegangen, ehe noch die Knechte aufbrachen. (...) Nach einer Weile hörte er ein Geräusch, das ihn sogleich regungslos stillstehen ließ. Es war kein Wild, das merkte er wohl. Es war auch sonst nichts, was er kannte. (...)

5 Parzival wog den Gabylot [= Wurfspieß, der zur Jagd benutzt wird] in der Hand: er war neugierig, was für ein Wesen wohl da so klingenden Ganges herankommen mochte. Niemand auf dem Hofe machte einen so wunderlichen Lärm, kein Mensch und kein Tier. Vielleicht – vielleicht war es der Teufel, die Mutter hatte gesagt, er

10 stelle allenthalben den Menschen nach. „Ei, meinetwegen", dachte Parzival, „ich will schon fertig werden mit ihm!"
Aber im gleichen Augenblick fuhr er zusammen. Dort vorne auf dem Steig [= schmaler Weg] tauchte es zwischen den Büschen auf und jagte auf ihn zu ... es mußte wohl ein Reiter sein, wenigstens

15 saß er auf einem Pferd, aber – großer Gott, der Mann, wenn es einer war, bestand vom Kopf bis zu den Füßen aus lauter silbernen Ringen, ein riesiges Messer baumelte an seiner Seite herab und in der Hand trug er einen langen Spieß, gegen den sein Gabylot wie ein Knabenspielzeug aussah. Und diese Hände, nein, Menschen-

hände waren das nicht, sie waren gewaltig groß und auch gänzlich   20
aus Silber, schien es. Aber das schrecklichste war: der Reiter hatte
kein Gesicht! An der Stelle des Kopfes saß ihm eine glänzende
Silberkugel auf den Schultern, aus der oben statt der Haare lange
schwarze Federn wuchsen.

Obgleich es Parzival sehr unheimlich zumute war, schien ihm die   25
klirrende glänzende Gestalt unbeschreiblich herrlich, viel herrlicher
als alles, was er je gesehen hatte! Und als er das dachte, da traf es
ihn wie der Blitz: nein, das war nicht der Teufel, das mußte der
Herre Gott sein! Gott war endlich nach Soltane gekommen!

Da warf der Knabe Parzival seinen Gabylot fort, fiel mitten im Pfad   30
auf die Knie nieder, und während der silberne Ritter sein Pferd
zurückriß, um den närrischen Knaben nicht niederzureiten, sagte
Parzival atemlos vor Entzücken: „Oh, Herre Gott, ich will immer
dein treuer Knecht sein! Ich habe lange auf dich gewartet."

Danach brachte er nur noch einen gurgelnden Schrei hervor: denn   35
der Herre Gott war plötzlich nicht mehr allein. Hinter ihm auf dem
Pfad war ein zweiter erschienen, der ihm zum Verwechseln ähnlich
sah, nur daß er irgend ein gräßliches Untier auf dem silbernen
Kopfe trug ... und jetzt kam noch ein dritter herangeklirrt, genau so
herrlich anzusehen.   40

Parzival taumelte vor Enttäuschung und Betrübnis, als er sich erhob
und seinen Gabylot aufraffte. Nein, es war nicht Gott, denn es gab
nur einen einzigen, und diese da waren drei. Aber wer waren sie
denn?

B Die Sprache der Inhaltsangabe

Beim Verfassen von Aufsätzen sind die Sprache (Verwendung von treffenden Verben, Adjektiven und Substantiven) und der richtige Satzbau wichtig. Beides musst du der jeweiligen Aufsatzart anpassen. Bei einem sachlichen Aufsatz (zum Beispiel Bericht oder Beschreibung) solltest du sachlich schreiben, also alles vermeiden, was zu Spannung und Unterhaltung beiträgt (etwa Gedanken und Gefühle sowie wörtliche Rede).

Beginnen wir die Beschäftigung mit der Sprache der Inhaltsangabe, indem wir einen Blick auf die richtige Zeitstufe werfen. Du weißt bereits, dass die Inhaltsangabe – im Unterschied zur Erzählung und zum Bericht – das Präsens verlangt. Weißt du noch den Grund dafür?

Wichtig

> Die Inhaltsangabe steht im Präsens, weil sie eine zeitlose Bestandsaufnahme dessen ist, was in einem Text über vergangene Ereignisse erzählt wird. Ganz konkret: Wird im Text über eine vergangene Handlung geschrieben (Verben im Präteritum), wird diese Handlung in deinem Aufsatz im Präsens zusammengefasst.

Wie verhält es sich aber mit anderen Zeitstufen? Nehmen wir als Beispiel den ersten Satz aus der Textvorlage:

> Parzival war früh in der Dämmerung vom Hofe fortgegangen, ehe noch die Knechte aufbrachen.

Daraus wird:

> Bevor die Knechte losziehen, hat Parzival den Hof verlassen.

Das bedeutet: Eine vorzeitige Handlung wird in der Inhaltsangabe durch das Perfekt ausgedrückt.

Wichtig

Textvorlage		Inhaltsangabe
Präteritum	▶	Präsens
Plusquamperfekt	▶	Perfekt

24

2 Abstrakte Ausdrücke

1. Lies die Zeilen 1 bis 40 der Textvorlage (siehe Seite 22f.) sorgfältig durch: Wie reagiert Parzival, was empfindet er? Markiere die Textstellen, die etwas über Parzivals Reaktionen und Gefühle aussagen.

Folgende Textstellen solltest du markiert haben:

Parzival war früh in der Dämmerung vom Hofe fortgegangen, ehe noch die Knechte aufbrachen. (...) Nach einer Weile hörte er ein Geräusch, das ihn sogleich regungslos stillstehen ließ. Es war kein Wild, das merkte er wohl. Es war auch sonst nichts, was er kannte. (...)

Parzival wog den Gabylot in der Hand: er war neugierig, was für ein Wesen wohl da so klingenden Ganges herankommen mochte. Niemand auf dem Hofe machte einen so wunderlichen Lärm, kein Mensch und kein Tier. Vielleicht – vielleicht war es der Teufel, die Mutter hatte gesagt, er stelle allenthalben den Menschen nach. „Ei, meinetwegen", dachte Parzival, „ich will schon fertig werden mit ihm!"

Aber im gleichen Augenblick fuhr er zusammen. Dort vorne auf dem Steig tauchte es zwischen den Büschen auf und jagte auf ihn zu ... es mußte wohl ein Reiter sein, wenigstens saß er auf einem Pferd, aber – großer Gott, der Mann, wenn es einer war, bestand vom Kopf bis zu den Füßen aus lauter silbernen Ringen, ein riesiges Messer baumelte an seiner Seite herab und in der Hand trug er einen langen Spieß, gegen den sein Gabylot wie ein Knabenspielzeug aussah. Und diese Hände, nein, Menschenhände waren das nicht, sie waren gewaltig groß und auch gänzlich aus Silber, schien es. Aber das schrecklichste war: der Reiter hatte kein Gesicht! An der Stelle des Kopfes saß ihm eine glänzende Silberkugel auf den Schultern, aus der oben statt der Haare lange schwarze Federn wuchsen. Obgleich es Parzival sehr unheimlich zumute war, schien ihm die klirrende glänzende Gestalt unbeschreiblich herrlich, viel herrlicher als alles, was er je gesehen hatte! Und als er das dachte, da traf es ihn wie der Blitz: nein, das war nicht der Teufel, das mußte der Herre Gott sein! Gott war endlich nach Soltane gekommen!

B   Die Sprache der Inhaltsangabe

Da warf der Knabe Parzival seinen Gabylot fort, fiel mitten im Pfad auf die Knie nieder, und während der silberne Ritter sein Pferd zurückriß, um den närrischen Knaben nicht niederzureiten, sagte Parzival atemlos vor Entzücken: „Oh, Herre Gott, ich will immer dein treuer Knecht sein! Ich habe lange auf dich gewartet." Danach brachte er nur noch einen gurgelnden Schrei hervor: denn der Herre Gott war plötzlich nicht mehr allein. Hinter ihm auf dem Pfad war ein zweiter erschienen, der ihm zum Verwechseln ähnlich sah, nur daß er irgend ein gräßliches Untier auf dem silbernen Kopfe trug ... und jetzt kam noch ein dritter herangeklirrt, genau so herrlich anzusehen.

2.   Welche Reaktionen und Gefühle hat Parzival? Streiche in der folgenden Liste unpassende Reaktionen und Gefühle weg. Ein Tipp: Sechs Ausdrücke sind richtig.

Hass	Liebe	Entsetzen
Bewunderung	Überheblichkeit	Selbstvertrauen
Gelassenheit	Erstaunen	Mut
Neugier	Tapferkeit	Furcht

Wir haben einige markierte Textstellen den sechs Reaktionen Parzivals zugeordnet.

Entsetzen: Aber das schrecklichste war: der Reiter hatte kein Gesicht! – Danach brachte er nur noch einen gurgelnden Schrei hervor – gräßliches Untier

Bewunderung: großer Gott, der Mann, wenn es einer war – Und diese Hände, nein, Menschenhände waren das nicht, sie waren gewaltig groß – schien ihm die klirrende glänzende Gestalt unbeschreiblich herrlich, viel herrlicher als alles, was er je gesehen hatte – genau so herrlich anzusehen

Selbstvertrauen: „Ei, meinetwegen", dachte Parzival, „ich will schon fertig werden mit ihm!"

2 Abstrakte Ausdrücke

Erstaunen:	ein Geräusch, das ihn sogleich regungslos stillstehen ließ – einen so wunderlichen Lärm – da traf es ihn wie der Blitz: nein, das war nicht der Teufel, das mußte der Herre Gott sein
Neugier:	er war neugierig
Furcht:	ein Geräusch, das ihn sogleich regungslos stillstehen ließ – vielleicht war es der Teufel – Obgleich es Parzival sehr unheimlich zumute war

Wenn du Gefühle / Reaktionen Parzivals zusammen mit dem Text kombinierend umformulierst, erhältst du folgende Sätze:

Neugier lässt Parzival abwarten. – Sein Selbstvertrauen sagt ihm, dass er die unerwartete Begegnung nicht fürchten muss. – Parzival fühlt Entsetzen beim Anblick des Reiters, der riesige Hände hat und dessen Gesicht nicht zu sehen ist. – Er ist gleichzeitig voller Bewunderung für die prächtige Erscheinung. – Seine Furcht verstärkt sich, als weitere Reiter auftauchen.

3. Überlege gut: Welche Wirkung wird durch die Umformung erzielt?

Durch die Umformung werden die Aussagen viel sachlicher. Gefühle / Empfindungen werden nicht mehr ausführlich und bildhaft beschrieben, sondern nur noch sachlich benannt.

 Wichtig

> Sicher ist dir aufgefallen, dass du hier anders vorgehen musst als bei einer Erzählung. Bei der Inhaltsangabe benennst du Gefühle nur, während du bei der Erzählung genau beschreibst, wie jemand die Angst spürt. Die Unterschiede werden durch ein Beispiel deutlich.
>
> Erzählung: „Die Angst schnürte Parzival die Kehle zu."
> Inhaltsangabe: „Parzival hat Angst." / „Parzival fürchtet sich."

B   Die Sprache der Inhaltsangabe

3   Treffende Verben und Adjektive

Die Verwendung treffender Verben und Adjektive ist das Ziel bei allen Aufsatzformen. Insofern bringt dieses Kapitel nicht nur Neues für dich. Allerdings bedeutet *treffend* bei sachlichen Texten – wie der Textzusammenfassung und der Inhaltsangabe – doch etwas anderes als beim Schreiben von Erzählungen oder Nacherzählungen.

Wichtig

> Verben und Adjektive dürfen bei der Inhaltsangabe nicht spannungssteigernd wirken, sondern sollen zur genauen, klaren und treffenden Wiedergabe wichtiger Informationen des Originaltextes dienen.

4.   Lies den folgenden Ausschnitt aus „Parzival" sorgfältig durch und markiere alle Verben und Adjektive, die zur Spannung und Lebendigkeit des Textes beitragen.

Aber im gleichen Augenblick fuhr er zusammen. Dort vorne auf dem Steig tauchte es zwischen den Büschen auf und jagte auf ihn zu ... es mußte wohl ein Reiter sein, wenigstens saß er auf einem Pferd, aber – großer Gott, der Mann, wenn es einer war, bestand vom Kopf bis zu den Füßen aus lauter silbernen Ringen, ein riesiges Messer baumelte an seiner Seite herab und in der Hand trug er einen langen Spieß, gegen den sein Gabylot wie ein Knabenspielzeug aussah. Und diese Hände, nein, Menschenhände waren das nicht, sie waren gewaltig groß und auch gänzlich aus Silber, schien es. Aber das schrecklichste war: der Reiter hatte kein Gesicht! An der Stelle des Kopfes saß ihm eine glänzende Silberkugel auf den Schultern, aus der oben statt der Haare lange schwarze Federn wuchsen.

3 Treffende Verben und Adjektive

5. Schreibe die Verben und Adjektive, die du in Übung 4 markiert hast, untereinander auf ein Blatt Papier und ergänze jeweils rechts daneben andere Verben (im Präsens) und Adjektive, die denselben Vorgang sachlicher ausdrücken. Achte jeweils darauf, dass klar bleibt, wer gerade handelt oder um welchen Gegenstand es geht.

So ähnlich können deine Notizen aussehen:

Textstellen aus „Parzival"	Eigene Formulierungen
(Parzival) fuhr zusammen	Parzival erschrickt
tauchte es auf	jemand / etwas erscheint
jagte auf ihn zu	jemand kommt ihm entgegen
großer Gott	zutiefst erschüttert
bestand aus lauter silbernen Ringen	trägt ein Kettenhemd
ein riesiges Messer baumelte herab	ein Schwert hängt
gewaltig groß	groß
schien es	es sieht so aus / es hat den Anschein
saß ihm eine glänzende Silberkugel	er trägt einen silbernen Helm
aus der oben lange schwarze Federn wuchsen	der mit einem Helmbusch geschmückt ist

29

B   Die Sprache der Inhaltsangabe

Wenn du die beiden Spalten vergleichst, merkst du, dass nicht nur die Verben geändert sind. Teilweise wurden andere Substantive eingesetzt – und zwar solche, die Parzivals Sicht der Dinge in die Betrachtung einer Person „übersetzen", die besser als Parzival weiß, was es mit dem seltsamen Äußeren des Reiters auf sich hat. Deshalb ist hier von *Kettenhemd, Helm* und *Helmbusch* die Rede, während es für Parzival *lauter silberne Ringe*, eine *glänzende Silberkugel* und *lange schwarze Federn* sind.

Wichtig

Während Erzählungen häufig die Sicht der handelnden Personen wiedergeben, übernimmst du in der Inhaltsangabe die Rolle des sachlichen Berichterstatters, der mehr weiß als die Figuren im Text und deshalb objektiver, sachlicher formulieren kann.

Für die Inhaltsangabe brauchst du eine genaue, treffende Sprache, die nicht spannend oder lebendig, aber doch anschaulich ist. Verben und Adjektive (oft in Verbindung mit entsprechenden Substantiven) musst du so wählen, dass sie die Sache so genau wie möglich treffen, wobei du zeigen sollst, dass du – besser als manche der Figuren im Text – verstanden hast, worum es geht.

4 Möglichkeiten beim Satzbau

Du kennst aus dem Grammatikunterricht die vielen Möglichkeiten im Deutschen, zusätzliche Gedanken zu einem Hauptsatz in Nebensätzen auszudrücken oder einen weiteren Hauptsatz anzuhängen.

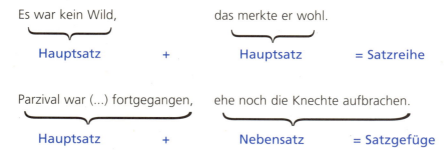

Die Verbindung zweier Hauptsätze miteinander nennt man Satzreihe; die Verbindung von Hauptsatz mit Nebensatz heißt Satzgefüge. Ein Nebensatz kann nicht allein stehen; er ist an den Hauptsatz gebunden oder ihm untergeordnet. Er steht in einem logischen Zusammenhang mit dem Hauptsatz.

① Tampanis fängt ein Tier, *das man nur noch selten findet,* im Wald von Soltane.

② Tampanis fängt ein *seltenes* Tier im Wald von Soltane.

Im ersten Beispiel ist der Teil *das man nur noch selten findet* ein Nebensatz – und zwar ein Relativsatz, der in den Hauptsatz eingebettet ist. Im zweiten Beispiel ist das Wort *seltenes* eine Beifügung (= Attribut) zum Akkusativobjekt *Tier*. Ein Attribut kann einen Relativsatz ersetzen.

> Die Übersichtlichkeit des Satzbaus ist entscheidend für den Gebrauch verschiedener Satzbaumöglichkeiten. Ein Attribut anstelle eines Relativsatzes kann stilistisch besser sein. Die Häufung einer einzigen Satzbauart wirkt schwerfällig. Achte beim Schreiben einer Inhaltsangabe also auf Abwechslung im Satzbau.

Wichtig

Bei der Verbindung von Haupt- mit Nebensätzen spielen Bindewörter (= Konjunktionen) eine wichtige Rolle. Die folgende Tabelle enthält eine Übersicht über häufig verwendete Konjunktionen, die Gliedsätze je nach dem beabsichtigten Sinn einleiten.

Wichtig

Absicht des Gliedsatzes	einleitende Konjunktionen
Zeit (Temporalsatz)	als; bevor; nachdem; seit; bis; sobald; solange; während; indessen
Grund (Kausalsatz)	weil; da
Art und Weise (Modalsatz)	indem; dadurch, dass
Folge (Konsekutivsatz)	sodass; ohne dass; so ..., dass
Absicht (Finalsatz)	dass; damit
Bedingung (Konditionalsatz)	wenn; falls; im Falle dass; unter der Bedingung dass; sofern
Gegensatz (Adversativsatz)	anstatt dass; während (doch); wohingegen; indessen
Einräumung (Konzessivsatz)	obwohl; obgleich; obschon; wenn auch
Vergleich (Komparativsatz)	wie; als; als ob; wie wenn

Du wirst nicht in jedem deiner Aufsätze alle neun Nebensatzarten einsetzen können – aber es wäre gut, sie im Gedächtnis zu speichern, um sie bei passender Gelegenheit abzurufen.

Andererseits kannst du Gliedsätze in Umstandsbestimmungen (= Adverbiale) umwandeln und damit ein Satzgefüge zu einem einzigen Hauptsatz zusammenziehen.

① Parzival zieht schon los, **bevor der Tag angebrochen ist**.
　　　　　　　　　　　　　　　Nebensatz

② **Vor Tagesanbruch** zieht Parzival schon los.
　　Adverbiale

③ Parzival findet die silberne Gestalt wunderschön, **obwohl sie ihm Furcht einflößt**.
　　　　　　　　　　　　　　　Nebensatz

④ **Trotz seiner Furcht** findet Parzival die silberne Gestalt wunderschön.
　　Adverbiale

> Eine Umstandsbestimmung (= Adverbiale) kann einen Nebensatz ersetzen. Das Adverbiale wird aus einer Präposition und einem (häufig) abstrakten Substantiv gebildet.

Wichtig

B   Die Sprache der Inhaltsangabe

5   Die indirekte Rede

Die direkte (= wörtliche) Rede verwendest du, wenn du als Aufsatz eine Erzählung schreibst. Sie macht deinen Aufsatz lebendig, denn mit Hilfe der direkten Rede kannst du Gefühle und Ausrufe darstellen. Du erinnerst dich bestimmt an ein Beispiel aus dem „Parzival"-Text:

> (…) sagte Parzival atemlos vor Entzücken: „Oh, Herre Gott, ich will immer dein treuer Knecht sein! Ich habe lange auf dich gewartet."

Der Redeteil ist durch Anführungszeichen gekennzeichnet. Häufig wird die direkte Rede durch einen Hinweis, dass jemand anfängt zu sprechen, eingeleitet (in unserem Beispiel *sagte Parzival*). Die wörtliche Rede macht das, was gesagt wird, gefühlsintensiv. Genau das darf in einer Inhaltsangabe jedoch nicht vorkommen.

In der Inhaltsangabe darf direkte Rede nur indirekt wiedergegeben werden. Ist dir das englische Wort für *indirekte Rede* aus dem Englischunterricht bekannt? Es heißt *reported speech* und drückt klarer als der deutsche Begriff aus, dass die indirekte Rede *berichtet* (to report = berichten), statt den Sprechenden unmittelbar zu Wort kommen zu lassen.

6.   Versuche Parzivals Anrede an den Ritter (siehe das Beispiel oben) in der indirekten Redeform sachlich wiederzugeben. Schreibe die Fortsetzung des Satzanfangs auf die Zeilen.

Parzival sagt dem Ritter, dass _____

_____

_____

Und so sieht die Lösung aus:

Parzival sagt dem Ritter, dass er ihm immer ein treuer Knecht sein wolle und dass er lange auf ihn gewartet habe.

34

5 Die indirekte Rede

Was genau ist bei der Umsetzung der direkten in die indirekte Rede passiert? Lies die folgenden Hinweise durch.

Wichtig

> **Kennzeichen der indirekten Rede:**
>
> ✘ Der einleitende Satz wird durch ein Komma vom indirekten Redeteil getrennt.
>
> ✘ Die Anführungszeichen der direkten Rede entfallen.
>
> ✘ Redeteile in der 1. Person werden in die 3. Person umgewandelt; aus ich wird er. Alle Pronomen werden entsprechend angepasst.
>
> ✘ Die Verben stehen nicht mehr im Indikativ, sondern im Konjunktiv.

Schauen wir uns die Unterschiede zwischen dem Modus Indikativ und dem Modus Konjunktiv genauer an. Mit dem Modus eines Verbs drückt der Sprecher seine Einstellung zu dem von ihm Gesagten aus. Der Indikativ bedeutet, dass das Gesagte der Wahrheit / Wirklichkeit entspricht, jedenfalls so, wie der Sprecher sie empfindet. Der Konjunktiv weist dagegen darauf hin, dass das Gesagte ungewiss, möglich oder erwünscht ist.

Modus	Was drückt er aus?	Beispiel
Indikativ	Wirklichkeit / Wahrheit	Das Buch ist ein Jugendroman.
Konjunktiv I	Möglichkeit, nur berichtet „ohne Gewähr"	Markus sagt, dass es ein spannendes Buch sei.
Konjunktiv II	Möglichkeit / Wunsch, nur ausgedacht	Markus wäre gern Parzival. Wenn er Parzival gewesen wäre, wäre er auch fortgezogen.

Beim Schreiben einer Inhaltsangabe verwendest du den Konjunktiv, wenn du den Inhalt einer wörtlichen Rede aus der Textvorlage in der indirekten Rede zusammenfasst. Versuche es gleich noch einmal.

B   Die Sprache der Inhaltsangabe

7. Wandle den folgenden Satz aus dem „Parzival"-Text in die indirekte Rede um.

„Ei, meinetwegen", dachte Parzival, „ich will schon fertig werden mit ihm!"

_____

_____

Bestimmt hast du die Lösung gleich gefunden:

Parzival dachte, er wolle schon mit ihm fertig werden.

Der Satz in der direkten Rede ist Ausdruck der Unbekümmertheit, die Parzival bei seiner Begegnung mit den Rittern zunächst zeigt. In der indirekten Rede ist dies nicht mehr zu spüren. Durch den Konjunktiv wird Parzivals Selbsteinschätzung, er werde leicht mit dem vermeintlichen Teufel fertig, als möglich (Konjunktiv = Möglichkeitsform) ausgewiesen, also als etwas, was nicht mit der Wirklichkeit übereinstimmen muss (Indikativ = Wirklichkeitsform). In diesem Fall weiß der Leser, dass Parzivals Ausspruch weit von der Wirklichkeit entfernt ist: Erstens gibt es keinen Teufel, mit dem Parzival kämpfen könnte, zweitens handelt es sich um Ritter.

Wichtig

> Direkte Rede aus der Textvorlage muss in der Inhaltsangabe in indirekter Rede erscheinen. Damit verbürgst du dich für die inhaltlich richtige Wiedergabe des Gesagten. Gleichzeitig lässt du damit offen, ob das, was gesagt wurde, auch der Wahrheit entspricht. Du ergreifst also nicht Partei, sondern bleibst – als Berichterstatter – neutral. Auch hier gilt die Grundregel *selbstständig formulieren:* Der Inhalt der direkten Rede muss im Aufsatz *mit deinen eigenen Worten formuliert* in der indirekten Rede erscheinen.

Auch in der indirekten Rede kann man Aussagen von Fragen und Aufforderungen unterscheiden:

Parzival glaubt, er sei Gott begegnet. ▶ Aussage
Parzival glaubt, dass er Gott begegnet sei. ▶ Aussage

Parzival fragt sich, ob er Gott begegnet sei. ▶ Frage

Der Ritter befiehlt Parzival, aus dem Weg zu gehen. ▶ Aufforderung
Der Ritter befiehlt Parzival, dass er aus dem Weg gehen solle. ▶ Aufforderung
Der Ritter befiehlt Parzival, er solle aus dem Wege gehen. ▶ Aufforderung

5 Die indirekte Rede

Mit Hilfe dieser Möglichkeiten kannst du in der indirekten Rede vieles sachlich wiedergeben, was in der direkten Rede lebendig und hautnah zum Ausdruck kommt. Der Blickpunkt ändert sich durch die indirekte Rede, weil eine weitere Person – nämlich du als Berichterstatter – hinzukommt; das heißt: Du gibst ja nicht deine eigene Meinung wieder, sondern mit gewissem Abstand die Meinung eines anderen.

Zum Schluss noch einige Hinweise zur Zeitenfolge des Konjunktivs in der indirekten Rede. Die Inhaltsangabe steht, wie du weißt, im Präsens. Das gilt auch für die Verben, die die indirekte Rede einleiten, zum Beispiel *er denkt, er sagt, sie meint, sie überlegen, man stellt fest*. Die Zeiten der Verben im Redeteil geben an, ob es sich um gleichzeitig, vorzeitig oder nachzeitig geschilderte Vorgänge handelt:

Herzeloide sagt,   dass Parzival ein unschuldiges Kind sei.   = gleichzeitig

Indikativ Präsens   Konjunktiv Präsens

Der Vorgang ist gleichzeitig, denn Parzival ist zur gleichen Zeit ein unschuldiges Kind, als Herzeloide das sagt.

Herzeloide sagt,   dass er dies von seinem Vater geerbt habe.   = vorzeitig

Indikativ Präsens   Konjunktiv Perfekt

Der Vorgang ist vorzeitig, denn Parzival hat dies von seinem Vater geerbt, bevor Herzeloide das (jetzt) sagt.

Herzeloide sagt,   dass Parzival sie nie verlassen werde.   = nachzeitig

Indikativ Präsens   Konjunktiv Futur

Der Vorgang ist nachzeitig, denn Herzeloide sagt (jetzt) etwas über Parzival, das in der Zukunft liegt / später eintreten wird.

B Die Sprache der Inhaltsangabe

6 Das Wichtigste auf einen Blick

✗ **Ziel der Inhaltsangabe**

Die Inhaltsangabe informiert über den wesentlichen Inhalt eines Textes.

✗ **Vorarbeiten**

- Lies die Textvorlage sorgfältig durch (mindestens zweimal).

- Überlege, in welche Sinnabschnitte / Erzählschritte der Text unterteilt werden kann.

- Formuliere zu jedem Sinnabschnitt / Erzählschritt eine Zusammenfassung in Form einer stichwortartigen Überschrift oder eines kurzen Satzes.

✗ **Aufbau der Inhaltsangabe**

- Die Einleitung gibt eine erste Information über den Text. Sie muss die Textsorte (z. B. Erzählung, Kurzgeschichte, Ballade, Zeitungsreportage ...), den Titel des Textes (in Anführungszeichen), den Namen des Autors / der Autorin sowie eine kurze Einführung in das Thema des Textes enthalten.

- Der Hauptteil muss eine klare Gliederung des Textes in Sinnabschnitte / Erzählschritte aufweisen. Diese Abschnitte sollen so dargestellt werden, dass für den Leser der Handlungszusammenhang klar wird. Darum sollten Grund und Folgen des Geschehens genannt werden.

- Der Schluss enthält eine Antwort auf die Frage, warum deiner Meinung nach der Text lesenswert ist – mit Begründungen wie etwa Spannungskurve (klar, spannend, spannungsarm), Sprache (lebendig, umständlich, altertümlich) oder Aussage (beeindruckend, lehrreich, nicht zeitgemäß).

6 Das Wichtigste auf einen Blick

✗ Wichtige Punkte beim Schreiben der Inhaltsangabe

- Berücksichtige die äußere und innere Handlung der Textvorlage.

- Lass Handlungen, die für den Fortgang des Geschehens unwichtig sind, weg.

- Verwende eine sachliche Sprache: Der Leser deiner Inhaltsangabe soll informiert, nicht unterhalten werden.

- Die Zeitstufe der Inhaltsangabe ist das Präsens.

- Variiere bei Ausdruck und Satzbau; das macht deine Inhaltsangabe interessanter.

- Übernimm keine Formulierungen der Textvorlage wörtlich, sondern drücke sie mit deinen eigenen Worten aus.

- Forme eine Ich-Erzählung in die 3. Person um.

- Forme direkte Rede der Textvorlage in indirekte Rede um.

- Arbeite – sofern die Aufgabenstellung dies verlangt – die Kernaussage heraus.

C Aufgabenstellungen

1 Zusammenfassung einer Erzählung
William M. Harg: *Der Retter*

Der Schoner „Christoph" ging so sanft unter, daß Senter, der einzige Mann am Ausguck, nichts empfand als Staunen über das Meer, das zu ihm emporstieg. Im nächsten Augenblick war er klatschnaß, das Wasser schlug über ihm zusammen, und das Takelwerk, an das
5 er sich klammerte, zog ihn in die Tiefe. Also ließ er es los.

Senter schwamm benommen und verwirrt, wie ein Mensch, dessen Welt plötzlich versunken ist. Mit einem Mal hob sich, wie aus der Kanone geschossen, eine Planke mit einem Ende aus dem Wasser und fiel mit Dröhnen zurück. Er schwamm darauf zu und ergriff sie.
10 Er sah, daß noch etwas auftauchte, und das mußte einer seiner acht Kameraden sein. Als aber der Kopf sichtbar wurde, war es nur der Hund.

Senter mochte den Hund nicht, und da er erst so kurze Zeit zur Besatzung gehörte, erwiderte das Tier seine Abneigung. Aber jetzt
15 hatte es die Planke erblickt. Es mühte sich ab, sie zu erreichen, und legte die Vorderpfoten darauf. Dadurch sank das eine Ende tiefer ins Wasser. Senter überkam eine furchtbare Angst, sie könnte ganz untergehen. Er zog verzweifelt an seinem Ende: Die Pfoten des Hundes rutschten ab, und er versank.

20 Aber der Hund kam wieder hoch, und wieder schwamm er schweigend, ohne Haß oder Nachträglichkeit zur Planke zurück und legte

40

1 Zusammenfassung einer Erzählung

seine Pfoten darauf. Wieder zog Senter an seinem Ende, und wieder versank der Hund. Das wiederholte sich ein Dutzend Mal, bis Senter, vom Ziehen ermüdet, mit Entsetzen und Verzweiflung erkannte, daß der Hund es länger aushalten konnte als er. 25

Senter wollte nicht mehr an das Tier denken. Er stützte die Ellenbogen an die Planke und hob sich, so weit es ging, aus dem Wasser empor, um sich umzusehen. Der Schrecken seiner Lage überwältigte ihn. Er war Hunderte von Meilen vom Land entfernt. Selbst unter den günstigsten Umständen konnte er kaum hoffen, aufgefischt zu 30 werden. Mit Verzweiflung sah er, was ihm bevorstand. Er würde sich einige Stunden lang an der Planke festhalten können – nur wenige Stunden. Dann würde sich sein Griff vor Erschöpfung lösen, und er würde versinken.

Dann fiel sein Blick auf die geduldigen Augen des Hundes. Wut 35 erfüllte ihn, weil der Hund offenbar nicht begriff, daß sie beide sterben mußten. Seine Pfoten lagen am Rande der Planke. Dazwischen hatte er die Schnauze gestützt, so daß die Nase aus dem Wasser ragte und er atmen konnte. Sein Körper war nicht angespannt, sondern trieb ohne Anstrengung auf dem Wasser. Er war nicht auf- 40 geregt wie Senter. Er spähte nicht nach einem Schiff, dachte nicht daran, daß sie kein Wasser hatten, machte sich nicht klar, dass sie bald in ein nasses Grab versinken mußten. Er tat ganz einfach, was im Augenblick getan werden mußte.

In der halben Stunde, seit sie sich beide an der Planke festhielten, war 45 Senter bereits ein Dutzend Mal gestorben. Aber der Hund würde nur einmal sterben. Plötzlich war es Senter klar, wenn er selbst zum letzten Mal ins Wasser rutschte, würde der Hund noch immer oben liegen.

C Aufgabenstellungen

Er wurde böse, als er das begriff, und er zog sich die Hosen aus
50 und band sie zu einer Schlinge um die Planke. Dann streckte er
den Arm durch und legte den Kopf auf die Planke, genau wie der
Hund. Und er triumphierte, denn er wußte: So konnte er es länger
aushalten. Dann aber warf er einen Blick auf die See, und Entsetzen
erfaßte ihn aufs neue. Schnell sah er den Hund an und versuchte,
55 so wenig an die Zukunft zu denken wie das Tier.

Am Nachmittag des zweiten Tages fingen die Pfoten des Hundes
an, von der Planke abzurutschen. Mehrere Male schwamm er mit
Anstrengung zurück, aber jedes Mal war er schwächer. Und jetzt
wußte Senter, daß der Hund ertrinken mußte, obwohl er selbst es
60 noch nicht ahnte. Aber er wußte auch, daß er ihn nicht entbehren
konnte. – Ohne diese Augen, in die er blicken konnte, würde er an
die Zukunft denken und den Verstand verlieren. Er zog sich das
Hemd aus, schob sich vorsichtig auf der Planke vorwärts und band
die Pfoten des Tieres fest.

65 Am vierten Abend kam ein Frachter vorüber. Seine Lichter waren
abgeblendet. Senter schrie mit heiserer, sich überschlagender
Stimme, so laut er konnte. Der Hund bellte schwach. Aber auf dem
Dampfer bemerkte man sie nicht. Als er vorüber war, ließ Senter in
seiner Verzweiflung und Enttäuschung nicht ab zu rufen. Danach
70 wußte er nicht mehr, was geschah, ob er lebendig war oder tot.
Aber immer suchten seine Augen die Augen des Hundes.

Der Arzt des Zerstörers „Vermont", der zur Freude und Aufregung
der Mannschaft einen jungen Kameraden und einen Hund auf der
See entdeckt und auffischen hatte lassen, schenkte den abgerisse-
75 nen Fieberphantasien des jungen Menschen keinen Glauben. Denn

1 Zusammenfassung einer Erzählung

danach hätten die beiden sechs Tage lang auf dem Wasser getrieben, und das war offenbar unmöglich. Er stand an der Koje und betrachtete den jungen Seemann, der den Hund in den Armen hielt, so daß eine Decke sie beide wärmte. Man hatte ihn erst beruhigen können, als auch der Hund gerettet war. Jetzt schliefen beide friedlich. „Können Sie das verstehen", fragte der Arzt einen neben ihm stehenden Offizier, „warum in aller Welt ein junger Bursche, der den gewissen Tod vor Augen sah, sich solche Mühe gab, das Leben eines Hundes zu retten?"

C Aufgabenstellungen

Den Text verstehen – äußere und innere Handlung

Sobald du den Text durchgelesen hast, schlägst du in einem Wörterbuch oder
Lexikon zunächst alle Wörter nach, die du nicht kennst (zum Beispiel *Planke, Koje*
oder *Takelwerk*).

1. Mit Hilfe der W-Fragen gewinnst du einen Überblick über das Geschehen,
also über die äußere Handlung. Beantworte die Fragen *Wer?, Wann?, Wo?,
Wie?* und *Warum?* schriftlich auf einem Blatt Papier.

Dein Notizzettel wird etwa so aussehen:

Wer? Ein Hund und ein junger Seemann retten sich gegenseitig nach einem Schiffbruch.

Wann? Wann sich die Rettungsaktion ereignet, sagt der Text nicht; sie dauert aber ca. sechs Tage.

Wo? Die Rettungsaktion ereignet sich auf hoher See.

Wie? Der Seemann und der Hund halten sich an einem Brett fest; ihr Blickkontakt lässt sie trotz aller Erschöpfung bis zur Rettung durch den Arzt eines Marineschiffs durchhalten.

Warum? Warum das Schiff sank, wird nicht erzählt.

1 Zusammenfassung einer Erzählung

2. Lies nun den Text ein zweites Mal durch und achte dabei besonders auf
die handelnden Personen. Kreuze dann die richtigen Antworten auf folgende Fragen an.

		richtig	falsch
a)	Senters Schiff ist ein Zerstörer und heißt „Christoph".	☐	☐
b)	Senter wird in seiner Koje vom Schiffbruch überrascht.	☐	☐
c)	Senter rettet sich auf einen Teil der Takelage.	☐	☐
d)	Senter ist ein unerfahrener Seemann.	☐	☐
e)	Der Hund gehört Senter.	☐	☐
f)	Senter freut sich, als er den Kopf des Hundes auftauchen sieht.	☐	☐
g)	Senter bewundert von Anfang an die Ausdauer des Hundes.	☐	☐
h)	Senter will zunächst das Leben des Hundes retten.	☐	☐
i)	Ein Frachter rettet die Schiffbrüchigen nach vier Tagen.	☐	☐
j)	Der Offizier versteht, warum Senter den Hund gerettet hat.	☐	☐
k)	Senter und der Hund sind am Ende keine Freunde.	☐	☐

Wenn du den Text und die Fragen aufmerksam gelesen hast, solltest du diese
Lösungen gefunden haben:
a)   Falsch: Die „Christoph" ist ein Schoner, kein Zerstörer.
b)   Falsch: Senter ist am Ausguck.
c)   Falsch: Senter rettet sich auf eine Planke.
d)   Richtig: Senter ist jung und gehört noch nicht lange zur Besatzung der
      „Christoph".
e)   Falsch: Der Leser erfährt nicht, wem der Hund gehört.
f)   Falsch: Senter erwartet, dass der Kopf eines Kameraden aus dem Wasser
      auftaucht.
g)   Falsch: Senter ärgert sich über die Ruhe und Ausdauer des Hundes. Erst
      später versteht er, dass nur diese gelassene Haltung ihn retten kann.
h)   Falsch: Senter will zunächst nur sein eigenes Leben retten.

45

C Aufgabenstellungen

i) Falsch: Ein Zerstörer rettet die beiden nach sechs Tagen.
j) Falsch: Über die Ansicht des Offiziers erfährt der Leser nichts.
k) Falsch: Senter und der Hund sind am Ende Freunde, weil sie sich gegenseitig das Leben gerettet haben.

Jetzt hast du den Text sicher schon besser im Griff. Wir kommen zu den einzelnen Personen und ihrer Rolle für den Verlauf der Handlung.

3. Welche Personen – außer den Hauptbeteiligten Senter und Hund – spielen in der Erzählung eine Rolle?

Ein Schiffsarzt, ein Offizier und die Mannschaft des Zerstörers „Vermont", die den Seemann und den Hund retten.

4. Welche Rollen spielen der Arzt und der Offizier im Geschehen?

Beide treten erst am Ende der Geschichte auf. Der Arzt rettet den Seemann und den Hund; er stellt dem Offizier die Frage, warum dem jungen Seemann die Rettung des Hundes so wichtig war. Diese Frage werden wir am Ende des Kapitels beantworten.

5. Welche Fragen kannst du dir noch stellen, um etwas über das Verhältnis zwischen Senter und dem Hund – also über Senters Gedanken und Gefühle gegenüber dem Tier – herauszufinden?

Du könntest dir folgende Fragen stellen: Kennen die beiden sich schon lange? Hatten sie viel Kontakt? – Mögen sie sich? Warum (nicht)? – Wie reagiert Senter auf den Hund auf der Planke? Warum? – Welche Gefühle entwickelt der Seemann während der Tage im Wasser für den Hund? – Was lernt Senter vom Hund? – Wieso braucht Senter den Hund unbedingt zu seiner Rettung? – Braucht der Hund Senter? – Wie verändert sich im Lauf der Tage das Verhältnis der beiden zueinander?

Wichtig

> Es ist eine wichtige Technik, Fragen zu einem Text zu stellen. Neben den allgemeinen W-Fragen, mit deren Hilfe du zunächst den Fortlauf der äußeren Handlung verstehen kannst, gibt es tiefer gehende Fragen, die dir dabei helfen, den Hintergrund eines Textes genauer kennen zu lernen. Das können W-Fragen sein, die sich auf diesen Hintergrund beziehen, etwa Fragen nach dem Wie und nach dem Warum. Aber auch Entscheidungsfragen (= Fragen, die du mit Ja oder Nein beantwortest), können hier sinnvoll sein.

1 Zusammenfassung einer Erzählung

6. Schau dir nun die Fragen aus der Lösung zu Aufgabe 5 genauer an und versuche sie zu beantworten.

Senter gehört erst kurze Zeit zur Besatzung der „Christoph"; er kann daher den Hund noch nicht lange kennen. – Senter und der Hund mögen sich nicht besonders; im Text ist von gegenseitiger Abneigung die Rede. – Senter reagiert am Anfang voller Ärger und Wut. Er stößt den Hund immer wieder von der Planke, denn er hat Angst, dass das Brett das Gewicht der beiden nicht trägt und er deshalb ertrinken muss. – Senters Gefühle für den Hund wechseln während der Tage im Wasser zwischen Wut und Bewunderung. – Senter lernt, dass er nur dann eine Chance auf Rettung hat, wenn er so gelassen bleibt wie der Hund. – Senter braucht den Hund zu seiner Rettung. Das Tier (und der Blick in seine Augen) hilft ihm immer wieder, angesichts der Situation nicht zu verzweifeln. – Auch das Tier braucht Senter, da es ohne ihn nicht die Kraft hätte, mit seinen Pfoten auf der Planke zu bleiben. Senter bindet die Pfoten des Hundes mit seinem Hemd auf der Planke fest, damit dieser nicht ins Wasser gespült wird. – Senter und der Hund werden Freunde, da Senter spürt, dass er dem Tier sein Leben zu verdanken hat. Die Beziehung der beiden wandelt sich im Lauf der Geschichte: Aus Abneigung wird eine sehr innige Beziehung, die auf (gegenseitiger?) Dankbarkeit beruht.

Jetzt hast du sowohl den Ablauf der äußeren Handlung erfasst als auch die Beziehung der beiden Hauptpersonen – den Hund bezeichnen wir hier ebenfalls als Person – genau beschrieben.

7. Welche Gefühle werden im Text angesprochen? Unterscheide nach den Personen; schreibe deine Vorschläge dann auf die Zeilen.

a) Mannschaft der „Vermont": _____

b) Arzt: _____

c) Offizier: _____

d) Senter: _____

_____

_____

e) Hund: _____

_____

_____

C Aufgabenstellungen

Deine Vorschläge könnten so aussehen:
a) Freude, Aufregung
b) Hilfsbereitschaft, Unverständnis
c) keine Angaben im Text
d) Benommenheit, Verwirrung, Abneigung, Angst, Verzweiflung, Entsetzen, Schrecken, Wut, Bosheit, Triumph, Frieden
e) Abneigung, Geduld, kein Hass, keine Nachträglichkeit, Nicht-Anpassung, Nicht-Aufregung

8. Kann ein Hund deiner Ansicht nach solche Gefühle haben, wie sie im Text angesprochen werden? Wie kommt es, dass wir meinen, bei Tieren derartige Gefühle erkennen zu können?

Vermutlich ist es so, dass wir Verhaltensweisen bei Tieren beobachten und diese als Gefühle in unserem – also im menschlichen – Sinn interpretieren. Sicher ist, dass Tiere Schmerzen empfinden können, aber auch Angst, Freude und Beleidigtsein können wir wahrnehmen, wenn wir ein Tier gut kennen.

9. Kannst du Senters Gefühle verstehen, als er sich auf das Brett gerettet hat? Antworte mit Ja oder Nein und begründe deine Meinung.

Senter hat solche Angst zu ertrinken, dass er auf den Hund keine Rücksicht nehmen kann. Andererseits ist es doch tröstlich, ein Lebewesen in seiner Nähe zu haben, wenn man in Lebensgefahr schwebt.

10. Warum wird der Hund für Senter in den Tagen bis zur Rettung immer wichtiger? Formuliere deine Antwort schriftlich in zwei bis drei Sätzen.

48

1 Zusammenfassung einer Erzählung

Der Hund wird für Senter immer wichtiger, weil er ihm zeigt, wie Senter sich verhalten muss, damit er in der extremen Situation nicht die Nerven verliert und aufgibt. Obwohl der Hund – wie Senter auch – kaum Hoffnung auf Rettung hat, spart er seine Kräfte und tut nichts, was ihn noch mehr in Gefahr bringen könnte.

> Sicher hast du gemerkt, dass du inzwischen den Text gut begriffen hast, weil du auch die innere Handlung verstanden hast. Einen Text „begreifen" bedeutet etwas „mit Worten greifen", also erfassen können. Dazu gehört auch der Kern, der in jedem Text versteckt ist und der „geknackt" werden muss.

Wichtig

11. An den Kern einer Geschichte gelangst du mit folgender Frage: Warum ist die Geschichte erzählenswert? – Versuche diese Frage für dich zu beantworten.

Es gibt mehrere Gründe, warum die Geschichte erzählenswert ist:

- Die Geschichte beschreibt die gegenseitige Abhängigkeit zweier Lebewesen in einer fast aussichtslosen Situation.
- Die Geschichte zeigt, dass Mensch und Tier aufeinander angewiesen sind, dass sie also als gleichwertige Lebewesen betrachtet werden können.
- Die Geschichte lehrt uns, dass wir mit unseren Gefühlen und Gedanken den Tieren nicht immer überlegen sind.
- Die Geschichte beschreibt, welche extremen Situationen Menschen durchhalten können, wenn sie Hoffnung auf Rettung haben und von anderen (in diesem Fall ist es ein Hund) dabei unterstützt werden.
- Nicht zuletzt ist die Dankbarkeit des Menschen gegenüber einem Tier erzählenswert. Vermutlich ist dir die Wandlung in der Einstellung Senters gegenüber dem Hund aufgefallen. Bemerkenswert ist doch, wie Senter zunächst nur an seinen eigenen Vorteil denkt, dann an den Nutzen, den er durch das Tier hat – am Ende aber zu einer moralischen Haltung gegenüber dem Tier kommt, das ihm zu überleben hilft.

C Aufgabenstellungen

Eine sachliche Ausdrucksweise finden

Wichtig

> Geschichten, über die eine Inhaltsangabe geschrieben werden soll, können sprachlich sehr unterschiedlich gestaltet sein. Eine anschauliche, plastische Erzählweise mit häufiger direkter Rede (z. B. „Parzival", siehe Seite 8f.) muss in eine sachliche, objektive Sprache umgeschrieben werden. Wenn dagegen der Autor einer Geschichte bereits abstrakte Wörter (Substantive, Adjektive, Verben) verwendet, um die Gefühle seiner Hauptpersonen auszudrücken (z. B. in „Der Retter"), dann musst du am Stil der Vorlage nichts ändern. Du solltest jedoch die Wörter der Vorlage durch deine eigenen Ausdrücke ersetzen, damit du die Sprache des Autors nicht kopierst.

Wie gehst du vor, wenn du bereits abstrakte Formulierungen im Text findest? Richtig: Du versuchst, durch Wörter mit ähnlicher Bedeutung (= Synonyme) den Sachverhalt auszudrücken. Du musst dabei nicht übertreiben: Suche keine besonders ausgefallenen Formulierungen, sondern ziele darauf ab, mit eigenen Worten genau den Sachverhalt zu treffen. Eine Möglichkeit besteht darin, Substantive in verbale Wendungen oder in Adjektive umzuformulieren.

12. Ersetze die Substantive durch verbale Wendungen oder Adjektive. Schreibe deine Vorschläge auf die Zeilen.

a) Benommenheit _____

b) Abneigung _____

c) Angst _____

d) Verzweiflung _____

e) Wut _____

f) Entsetzen _____

g) Triumph _____

h) Frieden _____

1 Zusammenfassung einer Erzählung

So können deine Vorschläge aussehen:
a) wie betäubt sein
b) sich nicht mögen
c) angstvoll sein / sich fürchten
d) verzweifelt / hoffnungslos sein
e) zornig sein
f) entsetzt sein
g) triumphieren / frohlocken
h) friedlich / beruhigt / ruhig sein

Beim Beispiel h musst du aufpassen, dass du nicht auf eine Redewendung verfällst, die in diesem Zusammenhang sehr unpassend wäre. In der Textvorlage heißt es: „Jetzt schliefen beide friedlich." Das darfst du nicht ersetzen durch: „Jetzt ruhen beide in Frieden", denn das bedeutet *tot sein* – und das wäre genau das Gegenteil dessen, was in der Geschichte erzählt wird.

Die Inhaltsangabe schreiben

Wenn du die äußere und innere Handlung erfasst und für wichtige Begriffe eigene Formulierungen gefunden hast, geht es mit dem Festlegen der Sinnabschnitte einen Schritt weiter.

13. Lies die Textvorlage (siehe Seite 40 – 43) noch einmal gründlich durch und markiere die Sinnabschnitte (bei diesem Text sind es insgesamt elf). Notiere anschließend auf ein Blatt Papier die Zeilennummern, wo jeder Abschnitt anfängt und aufhört.

Bei diesem Text ist die Lösung recht einfach: Die Sinnabschnitte sind identisch mit den einzelnen Absätzen. Aber Vorsicht: Das ist nicht bei allen Texten der Fall, über die du eine Inhaltsangabe schreiben sollst. Prüfe also immer genau den Fortgang der Handlung.
Die Lösung beim Text „Der Retter" sieht so aus:

Abschnitt 1:   Zeile   1 –   5
Abschnitt 2:   Zeile   6 – 12
Abschnitt 3:   Zeile 13 – 19
Abschnitt 4:   Zeile 20 – 25
Abschnitt 5:   Zeile 26 – 34
Abschnitt 6:   Zeile 35 – 44
Abschnitt 7:   Zeile 45 – 48
Abschnitt 8:   Zeile 49 – 55
Abschnitt 9:   Zeile 56 – 64
Abschnitt 10:   Zeile 65 – 71
Abschnitt 11:   Zeile 72 – 84

C Aufgabenstellungen

14. Überlege dir zu jedem Sinnabschnitt eine kurze inhaltliche Zusammenfassung und schreibe sie auf ein Blatt Papier.

So könnte dein Notizzettel aussehen:

Abschnitt 1: Senter wird am Ausguck vom Schiffbruch überrascht.

Abschnitt 2: Zwei überleben den Schiffbruch: Senter und ein Hund.

Abschnitt 3: Beide retten sich auf eine Planke. Senter fürchtet, dass das Holz nicht beide tragen kann.

Abschnitt 4: Mehrmals versucht er erfolglos, den Hund vom Brett abzuschütteln.

Abschnitt 5: Beim Anblick des Meeres erkennt der junge Seemann seine fast aussichtslose Situation und wird von Verzweiflung gepackt.

Abschnitt 6: Beim Anblick des Hundes erkennt Senter, dass dieser im Unterschied zu ihm in der Extremsituation völlig ruhig reagiert und sich einfach so lange wie möglich an der Planke festhält. Dadurch ist der Hund Senter, der in Panik gerät, überlegen.

Abschnitt 7: Senter durchleidet immer wieder Todesangst, weil er an die Zukunft denkt.

1 Zusammenfassung einer Erzählung

Abschnitt 8: Aus Zorn darüber, dass der Hund ihm überlegen ist, wendet Senter einen Trick an: Er bindet sich mit seiner Hose am Brett fest. Doch sein Triumph über das Tier ist nur kurz; wieder verfällt er angesichts des Meeres in Panik.

Abschnitt 9: Senter begreift, dass das Vorbild des ausdauernden Tieres wichtig ist für seine eigene Rettung. Deshalb bindet er auch den Hund an der Planke fest.

Abschnitt 10: Nach vier Tagen fährt ein Frachter vorbei, aber niemand bemerkt die beiden. Als diese Chance auf Rettung vorüber ist, bleibt für Senter nur noch der Blick in die Hundeaugen, um zu überleben. Er verliert das Bewusstsein für die äußeren Umstände und hält sich nur noch am Holz fest.

Abschnitt 11: Die beiden werden vom Arzt eines Kriegsschiffs entdeckt, der Senter allerdings nicht glaubt, dass er und der Hund seit sechs Tagen auf dem Meer treiben.

Im letzten Sinnabschnitt der Geschichte wird nicht einfach nur erzählt. Eine der Personen (der Arzt) stellt eine Frage, auf die der Angesprochene (der Offizier) allerdings keine Antwort gibt. Wie du direkte Rede in indirekte Rede umformst, kannst du in Kapitel B 5 (siehe Seite 34 – 37) nachlesen. Hier gehen wir etwas anders vor.

C Aufgabenstellungen

15. Formuliere den Inhalt des „Gesprächs" zwischen Arzt und Offizier in zwei Aussagesätze um.

_____
_____
_____
_____
_____

Deine Lösung könnte so aussehen:
Der Arzt kann nicht verstehen, warum der Seemann so sehr an dem Hund hängt, dass er ihn unbedingt retten wollte. Was der Offizier darüber denkt, erfährt der Leser nicht.

Hier noch einmal der gesamte Abschnitt 11 – nun einschließlich der umgeformten direkten Rede:

> **Abschnitt 11:** Die beiden werden vom Arzt eines Kriegsschiffs entdeckt, der Senter allerdings nicht glaubt, dass er und der Hund seit sechs Tagen auf dem Meer treiben. Der Arzt kann nicht verstehen, warum der Seemann so sehr an dem Hund hängt, dass er ihn unbedingt retten wollte. Was der Offizier darüber denkt, erfährt der Leser nicht.

Wichtig

Das Gerüst der Geschichte, wie du es inzwischen vor dir hast, ist natürlich noch nicht dein Aufsatz. Du musst im nächsten Arbeitsschritt einen zusammenhängenden Text formulieren. Dazu nehmen wir zunächst wieder die Zusammenfassungen der Sinnabschnitte. Mit dieser Hilfe bauen wir den Text für den Aufsatz zusammen und probieren dabei verschiedene Satzbaumöglichkeiten aus. Übrigens: Wenn du Hilfe zum Thema Satzbau brauchst, solltest du Kapitel B 4 (siehe Seite 31ff.) durchlesen.

1 Zusammenfassung einer Erzählung

Der erste Sinnabschnitt (Z. 1 – 5) lautet: „Senter wird am Ausguck vom Schiff-bruch überrascht." Warum ist dieser Satz einem Leser deines Aufsatzes, der die Ge-schichte nicht kennt, noch nicht klar? Richtig: Der Leser weiß zu Beginn weder, wer Senter ist, noch was sich wann und wo ereignet hat. Er braucht also dringend weitere Informationen.

16. Wo bringst du diese Informationen unter? Formuliere eine entsprechende Lösung.

_____

_____

_____

_____

_____

_____

_____

Zwei Möglichkeiten sind denkbar; sie sehen so aus:

Abschnitt 1:   Senter wird am Ausguck vom Schiffbruch überrascht.

Text für Inhaltsangabe
Möglichkeit 1:   Der junge Seemann Senter wird am Ausguck des Schoners „Christoph" vom Schiffbruch überrascht.

Möglichkeit 2:   In der Geschichte „Der Retter" von William M. Harg geht es um den jungen Seemann Senter, der den Untergang seines Schiffes überlebt. Senter wird am Ausguck des Schoners „Christoph" vom Schiffbruch überrascht.

17. Welche Lösung erscheint dir sinnvoller – und warum?

Möglichkeit 2 ist wohl sinnvoller – wenngleich du mit der ersten auch arbeiten könntest –, weil sie zusätzlich zur knappen Übersicht über den Inhalt des ersten Abschnitts kurz über den Titel und den Autor der Geschichte informiert.

C Aufgabenstellungen

18. Beschreibe den Satzbau von Möglichkeit 2. Handelt es sich um eine Satzreihe oder um ein Satzgefüge?

Es handelt sich beim ersten Satz um ein Satzgefüge, nämlich um einen Hauptsatz, an den ein Relativsatz angefügt ist. Der zweite Satz ist ein ganz normaler Hauptsatz.

19. Versuche jetzt, die Zusammenfassungen der Abschnitte 2, 3 und 4 zu einem zusammenhängenden Text umzuformen. Verwende dazu die Konjunktionen *da* oder *weil* sowie *aber* und das Relativpronomen *die*.

Die Lösung sieht so aus:

Abschnitt 2 – 4:   Zwei überleben den Schiffbruch: Senter und ein Hund. Beide retten sich auf eine Planke. Senter fürchtet, dass das Holz nicht beide tragen kann. Mehrmals versucht er erfolglos, den Hund vom Brett abzuschütteln.

Text für Inhaltsangabe: Zwei überleben den Schiffbruch, Senter und ein Hund, die sich beide auf eine Planke retten. Da / Weil Senter fürchtet, dass das Holz nicht beide tragen kann, versucht er mehrmals, den Hund vom Brett abzuschütteln, jedoch ohne Erfolg.

20. Abschnitt 5 kannst du elegant mit der temporalen Präposition *als* anschließen. Versuche es zuerst selbst und schau dir dann die folgende Lösung an.

Abschnitt 5:   Beim Anblick des Meeres erkennt der junge Seemann seine fast aussichtslose Situation und wird von Verzweiflung gepackt.

Text für Inhaltsangabe: Als der junge Seemann auf das offene Meer blickt, erkennt er seine fast aussichtslose Situation und wird von Verzweiflung gepackt.

1 Zusammenfassung einer Erzählung

21. Schließe nun Abschnitt 6 unter Verwendung der adversativen Konjunktion *während* oder *wohingegen* (siehe Kapitel B 4, Seite 32) an.

Abschnitt 6:

Beim Anblick des Hundes erkennt Senter, dass dieser im Unterschied zu ihm in der Extremsituation völlig ruhig reagiert und sich einfach so lange wie möglich an der Planke festhält. Dadurch ist der Hund Senter, der in Panik gerät, überlegen.

Text für Inhaltsangabe:

(... und wird von Verzweiflung gepackt), während / wohingegen der Hund völlig ruhig reagiert und sich einfach so lange wie möglich an der Planke festhält. Dadurch ist der Hund Senter, der in Panik gerät, überlegen.

Den kurzen Satz für Abschnitt 7 können wir fast wörtlich übernehmen. Jedoch sollten wir ihn sprachlich verfeinern, damit er sich gut an den bisherigen Text anschließt. Es ist aus logischen Gründen besser, das Wort *nämlich* einzufügen; sprachlich verfeinern wir den Satz, indem wir das Subjekt *Senter* durch das Pronomen *dieser* ersetzen, um eine Wiederholung zu vermeiden:

Abschnitt 7:

Senter durchleidet immer wieder Todesangst, weil er an die Zukunft denkt.

Text für Inhaltsangabe:

Dieser durchleidet nämlich immer wieder Todesangst, weil er an die Zukunft denkt.

22. Jetzt nehmen wir uns Abschnitt 8 vor. Bilde aus dem Gliedsatz *dass der Hunde ihm überlegen ist* mit Hilfe der Präposition *über* ein Adverbiale.

Abschnitt 8:

Aus Zorn darüber, dass der Hund ihm überlegen ist, wendet Senter einen Trick an: Er bindet sich mit seiner Hose am Brett fest. Doch sein Triumph über das Tier ist nur kurz; wieder verfällt er angesichts des Meeres in Panik.

Text für Inhaltsangabe:

Aus Zorn über die Überlegenheit des Hundes wendet Senter einen Trick an: Er bindet sich mit seiner Hose am Brett fest. Doch sein Triumph über das Tier ist nur kurz; wieder verfällt er angesichts des Meeres in Panik.

C Aufgabenstellungen

23. Leite Abschnitt 9 durch das Wort *so* ein und forme mit der zusätzlichen Konjunktion *und* den Abschnitt in ein einziges Satzgefüge (bestehend aus einem Hauptsatz und zwei Nebensätzen) um.

Abschnitt 9: Senter begreift, dass das Vorbild des ausdauernden Tieres wichtig ist für seine eigene Rettung. Deshalb bindet er auch den Hund an der Planke fest.

Text für Inhaltsangabe: So begreift Senter, dass das Vorbild des ausdauernden Tieres wichtig ist für seine eigene Rettung, und bindet deshalb auch den Hund an der Planke fest.

Die Abschnitte 10 und 11 können wir wörtlich für unsere Inhaltsangabe übernehmen. Mit Hilfe des Adverbs *aber* und der Konjunktionen *als*, *und*, *dass* wird ein logischer Zusammenhang zwischen den sich überschlagenden Ereignissen hergestellt. Zur Veranschaulichung sind diese Wörter farbig gedruckt.
Nun fehlt nur noch das Gespräch zwischen dem Arzt und dem Offizier. Der Offizier greift neu ins Geschehen ein. Wir müssen in der Inhaltsangabe seine Bedeutung für die Geschichte deutlich machen:

Abschnitt 10 – 11 =
Text für Inhaltsangabe: Nach vier Tagen fährt ein Frachter vorbei, aber niemand bemerkt die beiden. Als diese Chance auf Rettung vorüber ist, bleibt für Senter nur noch der Blick in die Hundeaugen, um zu überleben. Er verliert das Bewusstsein für die äußeren Umstände und hält sich nur noch am Holz fest.
Die beiden werden vom Arzt eines Kriegsschiffs entdeckt, der Senter allerdings nicht glaubt, dass er und der Hund seit sechs Tagen auf dem Meer treiben. Der Arzt kann nicht verstehen, warum der Seemann so sehr an dem Hund hängt, dass er ihn unbedingt retten wollte. Ob der Offizier, mit dem der Arzt darüber spricht, das versteht, erfährt der Leser nicht.

Wichtig

Damit haben wir den Text zusammengefasst. Es kann sein, dass deine Lehrerin / dein Lehrer eine Stellungnahme zur Geschichte von dir erwartet. Dabei kannst du deine persönliche Meinung über das Verhalten des Seemanns mitteilen oder ein Urteil darüber abgeben, warum die Geschichte erzählenswert ist. Die möglichen Antworten auf diese Frage kannst du in der Lösung zu Aufgabe 11 (siehe Seite 49) nachlesen. Am Ende des Aufsatzbeispiels werden zwei Gründe genannt.

Aufsatzbeispiel

Einleitung

In der Geschichte „Der Retter" von William M. Harg geht es um den jungen Seemann Senter, der den Untergang seines Schiffes überlebt.

Hauptteil

Senter wird am Ausguck des Schoners „Christoph" vom Schiffbruch überrascht. Zwei überleben den Schiffbruch, Senter und ein Hund, die sich beide auf eine Planke retten. Da Senter fürchtet, dass das Holz nicht beide tragen kann, versucht er mehrmals, den Hund vom Brett abzuschütteln, jedoch ohne Erfolg. Als der junge Seemann auf das offene Meer blickt, erkennt er seine fast aussichtslose Situation und wird von Verzweiflung gepackt, während der Hund völlig ruhig reagiert und sich einfach so lange wie möglich an der Planke festhält. Dadurch ist der Hund Senter, der in Panik gerät, überlegen. Dieser durchleidet nämlich immer wieder Todesangst, weil er an die Zukunft denkt.

Aus Zorn über die Überlegenheit des Hundes wendet Senter einen Trick an: Er bindet sich mit seiner Hose am Brett fest. Doch sein Triumph über das Tier ist nur kurz; wieder verfällt er angesichts des Meeres in Panik. So begreift Senter, dass das Vorbild des ausdauernden Tieres wichtig ist für seine eigene Rettung, und bindet deshalb auch den Hund an der Planke fest.

Nach vier Tagen fährt ein Frachter vorbei, aber niemand bemerkt die beiden. Als diese Chance auf Rettung vorüber ist, bleibt für Senter nur noch der Blick in die Hundeaugen, um zu überleben. Er verliert das Bewusstsein für die äußeren Umstände und hält sich nur noch am Holz fest.

Schluss

Die beiden werden vom Arzt eines Kriegsschiffs entdeckt, der Senter allerdings nicht glaubt, dass er und der Hund seit sechs Tagen auf dem Meer treiben. Der Arzt kann nicht verstehen, warum der Seemann so sehr an dem Hund hängt, dass er ihn unbedingt retten wollte. Ob der Offizier, mit dem der Arzt darüber spricht, das versteht, erfährt der Leser nicht.

C   Aufgabenstellungen

Stellungnahme   Die Geschichte ist erzählenswert, weil sie die gegen-
                       seitige Abhängigkeit zweier Lebewesen in einer fast
                       aussichtslosen Situation beschreibt und uns
                       Menschen lehrt, dass wir mit unseren Gefühlen und
                       Gedanken den Tieren nicht immer überlegen sind.

2   Inhaltsangabe einer Kurzgeschichte
Federica de Cesco: *Spaghetti für zwei*

Heinz war bald vierzehn und fühlte sich sehr cool. In der Klasse und
auf dem Fußballplatz hatte er das Sagen. Aber richtig schön würde
das Leben erst werden, wenn er im nächsten Jahr seinen Töff
bekam und den Mädchen zeigen konnte, was für ein Kerl er war. Er

5   mochte Monika, die Blonde mit den langen Haaren aus der Parallel-
klasse, und ärgerte sich über seine entzündeten Pickel, die er mit
schmutzigen Nägeln ausdrückte. Im Unterricht machte er gerne auf
Verweigerung. Die Lehrer sollten bloß nicht auf den Gedanken
kommen, daß er sich anstrengte.

10   Mittags konnte er nicht nach Hause, weil der eine Bus zu früh, der
andere zu spät abfuhr. So aß er im Selbstbedienungsrestaurant,
gleich gegenüber der Schule. (...) Einen Kaugummi im Mund, stapfte
er mit seinen Cowboystiefeln die Treppe zum Restaurant hinauf. Die
Reißverschlüsse seiner Lederjacke klimperten bei jedem Schritt. (...)

15   Viel Geld wollte Heinz nicht ausgeben; er sparte es lieber für die
nächste Kassette. „Italienische Gemüsesuppe" stand im Menü.
Warum nicht? Immer noch seinen Kaugummi mahlend, nahm
Heinz ein Tablett und stellte sich an. Ein schwitzendes Fräulein

schöpfte die Suppe aus einem dampfenden Topf. Heinz nickte zufrieden. Der Teller war ganz ordentlich voll. Eine Schnitte Brot dazu, und er würde bestimmt satt. Er setzte sich an einen freien Tisch, nahm den Kaugummi aus dem Mund und klebte ihn unter den Stuhl. Da merkte er, daß er den Löffel vergessen hatte. Heinz stand auf und holte sich einen. Als er zu seinem Tisch zurückstapfte, traute er seinen Augen nicht: Ein Schwarzer saß an seinem Platz und aß seelenruhig seine Gemüsesuppe! 20

25

Heinz stand mit seinem Löffel fassungslos da, bis ihn die Wut packte. Zum Teufel mit diesen Asylbewerbern! Der kam irgendwo aus Uagadugu, wollte sich in der Schweiz breitmachen, und jetzt fiel ihm nichts Besseres ein, als ausgerechnet seine Gemüsesuppe zu verzehren! Schon möglich, daß so was den afrikanischen Sitten entsprach, aber hierzulande war das eine bodenlose Unverschämtheit! Heinz öffnete den Mund, um dem Menschen lautstark seine Meinung zu sagen, als ihm auffiel, daß die Leute ihn komisch ansahen. Heinz wurde rot. Er wollte nicht als Rassist gelten. Aber was nun? 30

35

Plötzlich faßte er einen Entschluß. Er räusperte sich vernehmlich, zog einen Stuhl zurück und setzte sich dem Schwarzen gegenüber. Dieser hob den Kopf, blickte ihn kurz an und schlürfte ungestört die Suppe weiter. Heinz preßte die Zähne zusammen, daß seine Kinnbacken schmerzten. Dann packte er energisch den Löffel, beugte sich über den Tisch und tauchte ihn in die Suppe. Der Schwarze hob abermals den Kopf. Sekundenlang starrten sie sich an. Heinz bemühte sich, die Augen nicht zu senken. Er führte mit leicht zitternder Hand den Löffel zum Mund und tauchte ihn zum zweiten Mal in die Suppe. Seinen vollen Löffel in der Hand, fuhr der Schwarze fort, ihn stumm zu betrachten. Dann senkte er die Augen 40

45

auf seinen Teller und aß weiter. Eine Weile verging. Beide teilten
sich die Suppe, ohne daß ein Wort fiel. Heinz versuchte nachzuden-
ken. „Vielleicht hat der Mensch kein Geld, muß schon tagelang
hungern. Dann sah er die Suppe da stehen und bediente sich einfach. Schon möglich, wer weiß? Vielleicht würde ich mit leerem
Magen ähnlich reagieren? Und Deutsch kann er anscheinend auch
nicht, sonst würde er da nicht sitzen wie ein Klotz. Ist doch peinlich. Ich an seiner Stelle würde mich schämen. Ob Schwarze wohl
rot werden können?"

Das leichte Klirren des Löffels, den der Afrikaner in den leeren Teller
legte, ließ Heinz die Augen heben. Der Schwarze hatte sich zurück-
gelehnt und sah ihn an. Heinz konnte seinen Blick nicht deuten. In
seiner Verwirrung lehnte er sich ebenfalls zurück. Schweißtropfen
perlten auf seiner Oberlippe, sein Pulli juckte, und die Lederjacke
war verdammt heiß! Er versuchte, den Schwarzen abzuschätzen.
„Junger Kerl. Etwas älter als ich. Vielleicht sechzehn oder sogar
schon achtzehn. Normal angezogen: Jeans, Pulli, Windjacke. Sieht
eigentlich nicht wie ein Obdachloser aus. Immerhin, der hat meine
halbe Suppe aufgegessen und sagt nicht einmal danke! Verdammt,
ich habe noch Hunger!"
Der Schwarze stand auf. Heinz blieb der Mund offen. „Haut der
tatsächlich ab? Jetzt ist aber das Maß voll! So eine Frechheit! Der
soll mir wenigstens die halbe Gemüsesuppe bezahlen!" Er wollte
aufspringen und Krach schlagen. Da sah er, wie sich der Schwarze
mit einem Tablett in der Hand wieder anstellte. Heinz fiel unsanft
auf seinen Stuhl zurück und saß da wie ein Ölgötze. „Also doch:
Der Mensch hat Geld! Aber bildet der sich vielleicht ein, daß ich
ihm den zweiten Gang bezahle?"

2 Inhaltsangabe einer Kurzgeschichte

Heinz griff hastig nach seiner Schulmappe. „Bloß weg von hier,   75
bevor er mich zur Kasse bittet! Aber nein, sicherlich nicht. Oder
doch?"Heinz ließ die Mappe los und kratzte nervös an seinem
Pickel. Irgendwie wollte er wissen, wie es weiterging.
Der Schwarze hatte einen Tagesteller bestellt. Jetzt stand er vor der
Kasse und – wahrhaftig – er bezahlte! Heinz schniefte. „Verrückt!"   80
dachte er. „Total gesponnen!"

Da kam der Schwarze zurück. Er trug das Tablett, auf dem ein
großer Teller Spaghetti stand, mit Tomatensauce, vier Fleischbäll-
chen und zwei Gabeln. Immer noch stumm, setzte er sich Heinz
gegenüber, schob den Teller in die Mitte des Tisches, nahm eine   85
Gabel und begann zu essen, wobei er Heinz ausdruckslos in die
Augen schaute. Heinz' Wimpern flatterten. Heiliger Strohsack!
Dieser Typ forderte ihn tatsächlich auf, die Spaghetti mit ihm zu teilen! Heinz brach der Schweiß aus. Was nun? Sollte er essen? Nicht
essen? Seine Gedanken überstürzten sich. Wenn der Mensch doch   90
wenigstens reden würde! „Na gut. Er aß die Hälfte meiner Suppe,
jetzt essse ich die Hälfte seiner Spaghetti, dann sind wir quitt!"
Wütend und beschämt griff Heinz nach der Gabel, rollte die
Spaghetti auf und steckte sie in den Mund. Schweigen. Beide ver-
schlangen die Spaghetti. „Eigentlich nett von ihm, daß er mir eine   95
Gabel brachte", dachte Heinz. „Da komme ich noch zu einem
guten Spaghettiessen, das ich mir heute nicht geleistet hätte. Aber
was soll ich jetzt sagen? Danke? Saublöde! Einen Vorwurf machen
kann ich ihm auch nicht mehr. Vielleicht hat er gar nicht gemerkt,
daß er meine Suppe aß. Oder vielleicht ist es üblich in Afrika, sich   100
das Essen zu teilen? Schmecken gut, die Spaghetti. Das Fleisch
auch. Wenn ich nur nicht so schwitzen würde!"

Die Portion war sehr reichlich. Bald hatte Heinz keinen Hunger
mehr. Dem Schwarzen ging es ebenso. Er legte die Gabel aufs
105   Tablett und putzte sich mit der Papierserviette den Mund ab. Heinz
räusperte sich und scharrte mit den Füßen. Der Schwarze lehnte
sich zurück, schob die Daumen in die Jeanstaschen und sah ihn an.
Undurchdringlich. Heinz kratzte sich unter dem Rollkragen, bis ihm
die Haut schmerzte. „Heiliger Bimbam! Wenn ich nur wüßte, was
110   er denkt!" Verwirrt, schwitzend und erbost ließ er seine Blicke
umherwandern. Plötzlich spürte er ein Kribbeln im Nacken. Ein
Schauer jagte ihm über die Wirbelsäule von den Ohren bis ans
Gesäß. Auf dem Nebentisch, an den sich bisher niemand gesetzt
hatte, stand – einsam auf dem Tablett ein Teller kalter Gemüsesuppe.

115   Heinz erlebte den peinlichsten Augenblick seines Lebens. Am liebsten hätte er sich in ein Mauseloch verkrochen. Es vergingen zehn
volle Sekunden, bis er es endlich wagte, dem Schwarzen ins
Gesicht zu sehen. Der saß da, völlig entspannt und cooler, als Heinz
es je sein würde, und wippte leicht mit dem Stuhl hin und her.
120   „Äh ...", stammelte Heinz, feuerrot im Gesicht. „Entschuldigen Sie
bitte. Ich ..."
Er sah die Pupillen des Schwarzen aufblitzen, sah den Schalk in seinen Augen schimmern. Auf einmal warf er den Kopf zurück, brach
in dröhnendes Gelächter aus. Zuerst brachte Heinz nur ein ver-
125   schämtes Glucksen zustande, bis endlich der Bann gebrochen war
und er aus vollem Halse in das Gelächter des Afrikaners einstimmte.
Eine Weile saßen sie da, von Lachen geschüttelt. Dann stand der
Schwarze auf, schlug Heinz auf die Schulter.
„Ich heiße Marcel", sagte er in bestem Deutsch. „Ich esse jeden
130   Tag hier. Sehe ich dich morgen wieder? Um die gleiche Zeit?"

2 Inhaltsangabe einer Kurzgeschichte

Heinz' Augen tränten, sein Zwerchfell glühte, und er schnappte nach Luft.

„In Ordnung!" keuchte er. „Aber dann spendiere ich die Spaghetti!"

Den Text verstehen – äußere und innere Handlung

Aus dem Deutschunterricht weißt du, dass es sich hier um eine Kurzgeschichte handelt. Zu den Elementen einer Kurzgeschichte gehört:

- Sie besteht aus nur einem Handlungsstrang, der auf einen Höhepunkt zuläuft.

- Der Erzählstil ist lebendig (zum Beispiel mit Verwendung direkter Rede).

- Der Schluss ist offen gestaltet und enthält eine Pointe.

Kommen wir zum Text „Spaghetti für zwei". Die ersten Fragen, die du dir bei einem Text stellen solltest, sind W-Fragen. Mit ihrer Hilfe gewinnst du einen Überblick über die äußere Handlung.

24. Beantworte die Fragen *Wer?, Was?, Wo?, Wann?, Wie?* und *Warum?*.

65

C Aufgabenstellungen

Deine Notizen werden etwa so aussehen:

Wer?   Die Hauptpersonen der Geschichte sind Heinz und Marcel.

Was?   Heinz setzt sich versehentlich an Marcels Tisch und isst aus dessen Teller, ohne seinen Irrtum zu bemerken. Dadurch gerät er in eine peinliche Situation. Das Missverständnis wird am Schluss aufgeklärt.

Wo?   Die Handlung läuft in einem Selbstbedienungsrestaurant gegenüber von Heinz' Schule ab. Die Geschichte spielt in der Schweiz.

Wann?   An einem Schultag in der Mittagspause; das genaue Datum wird nicht genannt.

Warum?   ? ? ?

Wenn du auf die Frage nach dem Warum keine Antwort notiert hast, ist das zum jetzigen Zeitpunkt ganz normal. Wir kommen später darauf zurück, wenn es um die Kernaussage der Geschichte geht.

25.   Lies den Text noch einmal und notiere in Stichworten, wie die Handlung verläuft.

Die Handlung beginnt – scheinbar banal – am Tisch eines Restaurants. Dann steigt die Spannung geradlinig an: Heinz setzt sich an den falschen Tisch und isst aus Marcels Suppenteller. Daraufhin besorgt Marcel eine Portion Spaghetti und fordert Heinz stumm auf, mit ihm zu essen. Heinz tut das, wobei er immer verstörter wird – bis zum Höhepunkt, als er merkt, dass er sich an den falschen Tisch gesetzt hatte. Die Spannung bleibt auf diesem Höhepunkt, bis der Leser etwas über Heinz' Reaktion auf seine Erkenntnis und über Marcels Reaktion erfährt. Dann entlädt sich die Spannung mit dem Gelächter der beiden.

Damit hast du dir einen Überblick über den Ablauf der äußeren Handlung verschafft.

> **Der Ablauf der Ereignisse in einem Text wird mit Hilfe der W-Fragen ermittelt. Dadurch gewinnst du einen Überblick über die äußere Handlung des Textes.**

Wichtig

Der witzige Kern der Geschichte wird nicht nur von der äußeren Handlung bestimmt, sondern auch von Heinz' Gedanken, Gefühlen und Reaktionen. Etwa die Hälfte des Textes besteht aus Handlungen und Gesprächen (= äußere Handlung), während die zweite Hälfte – neben den einführenden Worten des Erzählers (vor allem im ersten Abschnitt) – durch die Gedanken und Beobachtungen von Heinz (= innere Handlung) bestimmt wird. Was können wir daraus schließen?

> **Der Charakter der Hauptpersonen einer Erzählung ist meist ausschlaggebend für die Gründe, Bedingungen und Folgen der äußeren Handlung. Daraus ergibt sich die innere Handlung eines Textes, die in der Inhaltsangabe auch wiedergegeben werden muss.**

Wichtig

26. Bisher haben wir uns mit Heinz beschäftigt und noch kaum über die zweite Hauptperson Marcel nachgedacht. Woran liegt das?

Ungefähr bis zur Mitte der Erzählung – bis Marcel aufhört zu essen und Heinz anblickt – lesen wir in der Geschichte nur etwas über Heinz' Handlungen, Gedanken und Gefühle.

27. Was erfahren wir im ersten Drittel der Geschichte über Marcel? Schreibe deine Ideen auf die Zeilen.

_____

_____

_____

_____

_____

C Aufgabenstellungen

Wir lernen Marcel im ersten Drittel der Geschichte nur durch die Einschätzung von Heinz kennen: Heinz nimmt Marcel als einen unverschämten (weil aus seinem Teller essenden) Farbigen wahr, der wie ein europäischer Jugendlicher gekleidet ist. Heinz meint, er sei ungefähr 18 Jahre alt, Asylbewerber aus Afrika, vielleicht sogar Obdachloser.

28. Weiß der Leser vor Heinz, wer der Farbige ist?

Nein, auch wenn der Leser ahnt, dass irgendetwas nicht stimmt, weiß er nicht mehr als Heinz. Wir denken allerdings bei der Lektüre: So cool, wie Marcel sich verhält (als er Heinz nach Beendigung des Essens anstarrt), kann niemand sein, der vorher die Suppe eines anderen isst und dann zu seinem eigenen Essen einlädt. Zusammen mit Heinz dämmert es langsam dem Leser, dass er sich geirrt haben muss. Dass der Farbige Marcel heißt und fließend Deutsch spricht, erfährt der Leser – wie Heinz – erst ganz am Schluss.

Wichtig

> Informationen über die Hauptperson(en) einer Geschichte erhältst du nicht nur aus ihren Handlungen; du findest hierzu auch andere Angaben im Text versteckt.

Wie spürst du Informationen über Heinz und Marcel in der Geschichte auf? Am besten so: Du markierst die Textstellen, die etwas über Heinz und Marcel aussagen, in Farbe. Am Beispiel des Schlussteils der Geschichte zeigen wir dir, wie das geht. Zusätzlich zur Markierung haben wir jede Textstelle mit einer Abkürzung versehen (H = Heinz, M = Marcel) und für beide Personen durchnummeriert.

Heinz erlebte den peinlichsten Augenblick seines Lebens. Am liebsten hätte er sich in ein Mauseloch verkrochen. (= H 1) Es vergingen zehn volle Sekunden, bis er es endlich wagte, dem Schwarzen ins Gesicht zu sehen. Der saß da, völlig entspannt und cooler, als Heinz es je sein würde, (= M 1) und wippte leicht mit dem Stuhl hin und her.
„Äh ...", stammelte Heinz, feuerrot im Gesicht. (= H 2) „Entschuldigen Sie bitte. Ich ..." (= H 3)
Er sah die Pupillen des Schwarzen aufblitzen, sah den Schalk in seinen Augen schimmern. (= M 2) Auf einmal warf er den Kopf zurück, brach in dröhnendes Gelächter aus. (= M 3) Zuerst brachte Heinz nur ein verschämtes Glucksen zustande, (= H 4) bis endlich der Bann gebrochen war und er aus vollem Halse in

68

2 Inhaltsangabe einer Kurzgeschichte

das Gelächter des Afrikaners einstimmte. (= H 5) Eine Weile saßen sie da, von Lachen geschüttelt. Dann stand der Schwarze auf, schlug Heinz auf die Schulter. (= M 4)
„Ich heiße Marcel", sagte er in bestem Deutsch. (= M 5) „Ich esse jeden Tag hier. Sehe ich dich morgen wieder? (= M 6) Um die gleiche Zeit?"
Heinz' Augen tränten, sein Zwerchfell glühte, (= H 6) und er schnappte nach Luft. „In Ordnung!" keuchte er. „Aber dann spendiere ich die Spaghetti!" (= H 7)

Die unterstrichenen Textstellen geben folgenden Aufschluss über Heinz' und Marcels Wesen. Wir formulieren im Präsens – wie später in der Inhaltsangabe auch:

Heinz

H 1 Heinz schämt sich nachträglich für sein schlechtes Benehmen.

H 2 Heinz' gute Erziehung wird deutlich, indem er feuerrot wird und

H 3 indem er sich entschuldigt.

H 4 Heinz erkennt das Komische der Situation.

H 5 Heinz kann über sich selbst lachen.

H 6 Heinz kann sich über seine Scham hinwegsetzen und über sein schlechtes Benehmen herzhaft lachen.

H 7 Heinz will seinen Fehler wieder gutmachen, indem er Marcel zum Spaghettiessen einlädt, obwohl er knapp bei Kasse ist.

Marcel

M 1 Marcel beherrscht cool die Situation.

M 2 Marcel reagiert verschmitzt, sagt aber nichts.

M 3 Marcel zeigt mit seinem Gelächter viel Humor und Herzlichkeit.

M 4 Marcel benimmt sich wie ein Kumpel.

M 5 Marcel ist gebildet und beweist gutes Benehmen.

M 6 Marcel verzeiht großmütig Heinz' schlechtes Benehmen, ohne einen Kommentar darüber abzugeben.

Wichtig

Über die Personen in einer Erzählung verschaffst du dir einen Überblick, indem du die Textstellen farbig markierst, die etwas über Aussehen, Reaktionen und Wesen der Personen aussagen. Als zusätzliche Hilfe kannst du anschließend eine kurze Zusammenfassung der Textstellen in Stichworten notieren. Dies ist ein wichtiger Arbeitsschritt auf dem Weg zum Ausformulieren der Inhaltsangabe.

C Aufgabenstellungen

29. Die Textmarkierungen sowie die Aussagen über Gedanken und Gefühle der Personen, die aus den markierten Stellen abzulesen sind, haben wir dir am Beispiel des Schlussteils der Geschichte gezeigt. Nimm dir nun die übrigen Teile von „Spaghetti für zwei" vor und verfahre nach dem gleichen Schema. Markiere die Textstellen und schreibe dann auf ein Blatt Papier, was du über das Wesen (Gedanken, Gefühle) von Heinz und Marcel aufgrund ihrer Handlungen / Reaktionen festgestellt hast. Dabei solltest du berücksichtigen, was der Leser der Kurzgeschichte über Marcel erst am Schluss erfahren hat.

Deine Notizen könnten etwa so aussehen:

Heinz

– *Er ist cool, hat das Sagen, ist modebewusst, interessiert sich mehr für Mädchen als für den Unterricht, spielt sich gegenüber den Lehrern auf.*

– *Er stapft so ins Restaurant, dass die Reißverschlüsse seiner Jacke klimpern.*

– *Er klebt seinen Kaugummi unter den Stuhl.*

– *Die Wut packt ihn, als er den Fremden an seinem Tisch sieht.*

– *Er denkt: „Zum Teufel mit diesen Asylbewerbern!"*

– *Er hält im letzten Moment seinen Mund, damit er nicht für einen Rassisten gehalten wird.*

– *Er räuspert sich, setzt sich an den Tisch, presst die Zähne zusammen, packt energisch den Löffel, führt mit zitternder Hand den Löffel zum Mund. In Gedanken verurteilt er den Schwarzen scharf.*

– *Schweißtropfen perlen auf seiner Oberlippe, sein Pulli juckt, die Lederjacke wird immer heißer.*

– *Er fällt unsanft auf seinen Stuhl zurück und sitzt da wie ein Ölgötze. Er kratzt nervös an seinem Pickel.*

- Er schnieft. Seine Wimpern flattern. Seine Gedanken über-stürzen sich.

- Wütend und beschämt greift er zur Gabel und isst.

- Er räuspert sich und scharrt mit den Füßen, kratzt sich, lässt verwirrt, schwitzend und erbost seine Blicke umher-wandern.

- Entsetzt erkennt er seinen Irrtum.

- Sein Lachen beginnt mit einem verschämten Glucksen, bis er aus vollem Hals in das Gelächter des Afrikaners einstimmt.

Marcel

- Er hebt den Kopf, blickt Heinz kurz an und schlürft unge-stört seine Suppe weiter. Er lehnt sich zurück.

- Er hebt abermals den Kopf, starrt Heinz an, taucht seinen Löffel in die Suppe und fährt fort, Heinz zu betrachten. Dann senkt er die Augen und isst weiter.

- Er steht wortlos auf und stellt sich mit einem Tablett in der Hand wieder an.

- Er nimmt die Gabel und beginnt zu essen, wobei er Heinz ausdruckslos in die Augen schaut. Er schiebt die Daumen in die Hosentaschen und wippt mit dem Stuhl.

- Seine Pupillen blitzen auf; der Schalk schimmert in seinen Augen. Dann lacht er laut.

So, nun hast du auch die innere Handlung der Kurzgeschichte „Spaghetti für zwei" erfasst. Kannst du die Notizen aus der Lösung zu Aufgabe 29 schon wörtlich für deine Inhaltsangabe verwenden? – Natürlich nicht, denn die Aussagen sind zu emotional, zu nah am Text und teilweise zu umgangssprachlich für eine Inhalts-angabe. Du musst den Inhalt also zunächst in eine sachliche Sprache bringen.

C   Aufgabenstellungen

Eine sachliche Ausdrucksweise finden

Beginnen wir gleich damit und schauen uns die Notizen aus der Lösung zu Aufgabe 29 an.

30. Gib die in Aufgabe 29 ermittelten Informationen über Heinz' und Marcels Gedanken / Gefühle sachlich wieder. Schreibe deine Vorschläge auf ein Blatt Papier.

Deine Notizen könnten etwa so aussehen:

Heinz

- Sein Auftreten drückt scheinbar Selbstsicherheit aus, doch dahinter verbirgt sich ein sensibles Wesen. Er ist mitten in der Pubertät. Er gibt sich sehr stark und selbstsicher. Mädchen interessieren ihn in der Schule mehr als der Unterricht.

- Forsch und selbstsicher betritt er das Restaurant.

- Er benimmt sich dort so, als sei er zu Hause.

- Wütend registriert er einen Fremden an seinem Tisch.

- In seiner ersten Verblüffung fallen ihm nur ausländerfeindliche Parolen ein.

- Mühsam gelingt es ihm, sich zu beherrschen und nichts zu sagen.

- Entschlossen setzt er sich, ist aber innerlich verunsichert und wird immer nervöser.

- Er überlegt zunehmend verwirrter. Die Situation wird ihm immer unheimlicher.

- Stumm und starr vor grenzenloser Verblüffung verharrt er auf seinem Platz.

- Er ist nicht mehr Herr der Lage. Er kann den Blick seines Gegenübers nicht mehr ertragen.

2 Inhaltsangabe einer Kurzgeschichte

- Er erlebt den peinlichsten Augenblick seines Lebens.

- Seine Anspannung löst sich nach und nach, bis auch er laut über das Missverständnis lachen kann.

Marcel

- Er fühlt sich beim Essen nicht dadurch gestört, dass ein Fremder sich an seinen Tisch setzt.

- Erstaunt über das merkwürdige Verhalten des Jungen schaut er ihn an, lässt aber keine Gefühlsregung erkennen.

- Er durchschaut Heinz' Gedanken und will ihm eine Lektion erteilen.

- Er ist vollkommen Herr der Lage.

- Er quittiert den Vorfall humorvoll mit einem Schmunzeln und dann mit lautem Lachen.

- Er rettet die Situation mit seinem gewandten Benehmen, indem er sich vorstellt und Heinz zum Wiedersehen auffordert.

Jetzt hast du den Text gut erschlossen und kennst die äußere sowie die innere Handlung. Es ist dir gelungen, aus der gefühlsbetonten Schreibweise der Autorin objektive Erkenntnisse über Gefühle / Gedanken der Hauptpersonen zu gewinnen. Dieses Wissen kannst du nun beim Schreiben der Inhaltsangabe einsetzen.

73

C Aufgabenstellungen

Die Inhaltsangabe schreiben

Nach dem Erfassen der äußeren und inneren Handlung geht es im nächsten Schritt darum, die Sinnabschnitte des Textes festzulegen.

31. Lies die Textvorlage (siehe Seite 60 – 65) noch einmal gründlich und markiere die Sinnabschnitte (bei diesem Text sind es insgesamt neun). Notiere anschließend auf ein Blatt Papier die Zeilennummern, wo jeder Abschnitt anfängt und aufhört.

Der Text „Spaghetti für zwei" ist in folgende Sinnabschnitte eingeteilt:
Abschnitt 1:   Zeile   1 – 12
Abschnitt 2:   Zeile   12 – 21
Abschnitt 3:   Zeile   21 – 26
Abschnitt 4:   Zeile   27 – 35
Abschnitt 5:   Zeile   36 – 66
Abschnitt 6:   Zeile   67 – 81
Abschnitt 7:   Zeile   82 – 110
Abschnitt 8:   Zeile 110 – 121
Abschnitt 9:   Zeile 122 – 133

Du hast es gleich gemerkt: Die Sinnabschnitte sind nicht in allen Fällen mit den Absätzen im Text identisch. Lass dich also nicht vom Schriftbild irritieren, sondern prüfe genau den Fortgang der Handlung.

Wichtig

> Häufig bedeutet ein Absatz im Text das Ende eines Sinnabschnitts. Das ist aber nicht immer so. Es kann vorkommen, dass ein Sinnabschnitt mitten in einem Absatz endet – oder auch, dass ein Sinnabschnitt sich über mehrere Absätze erstreckt. Das ist häufig bei Absätzen mit wörtlicher Rede der Fall.

32. Fasse die äußere Handlung, die in jedem Sinnabschnitt zu erkennen ist, in wenigen Sätzen zusammen. Schreibe deine Vorschläge auf ein Blatt Papier. Denke dabei an die Faustregel: Eigenständig formulieren und nur die wichtigen Ereignisse wiedergeben.

So könnte dein Notizzettel aussehen:

Abschnitt 1: Es gibt es keine äußere Handlung. Wichtige Information: Heinz isst während der Mittagspause häufig in einem Selbstbedienungsrestaurant.

Abschnitt 2: Einmal bestellt er sich im Restaurant eine billige italienische Gemüsesuppe.

Abschnitt 3: Er stellt seinen Teller auf einem freien Tisch ab. Dann geht er noch einmal zur Theke zurück, da er den Löffel vergessen hat. Er kommt zurück und sieht am Tisch einen Farbigen sitzen, der seine Suppe isst.

Abschnitt 4: Heinz bleibt stehen.

Abschnitt 5: Dann setzt er sich ebenfalls an den Tisch und beginnt, mit seinem Löffel aus demselben Teller zu essen. Der Farbige blickt ihn mehrmals an, isst aber stumm weiter, bis der Teller leer ist. Heinz beobachtet sein Gegenüber und versucht ihn einzuschätzen.

Abschnitt 6: Der Farbige steht auf, holt und bezahlt unter den wachsamen Augen von Heinz einen Teller Spaghetti.

Abschnitt 7: Der Farbige kehrt mit dem Teller und zwei Gabeln an den Tisch zurück. Heinz nimmt die zweite Gabel und isst auch. Als sie fertig sind, lehnt der Farbige sich zurück und blickt ihn wieder an. Er sagt dabei kein Wort.

Abschnitt 8: Währenddessen blickt Heinz im Saal umher und entdeckt auf dem Nebentisch, an dem kein Gast

C Aufgabenstellungen

> *sitzt, seinen eigenen Teller Gemüsesuppe. Heinz
> erkennt, dass er sich an einen falschen Tisch
> gesetzt hatte.*
>
> **Abschnitt 9:** *Heinz stimmt schließlich in das laute Lachen
> des Farbigen ein. Dieser stellt sich mit seinem
> Namen Marcel vor. Am Schluss verabreden sie
> sich für den nächsten Tag zum Spaghettiessen.
> Dazu wird Marcel von Heinz eingeladen.*

33. Füge nun die äußere Handlung mit den Gedanken und Gefühlen der
Personen (= innere Handlung) zusammen. Geh dabei Abschnitt für Abschnitt vor und schreibe dabei den Text am besten parallel nebeneinander.

Die Lösung sieht etwa so aus:

Äußere Handlung	**Gedanken / Gefühle der Personen**
Abschnitt 1	
Der etwa 14 Jahre alte Schüler Heinz isst während der Mittagspause häufig in einem Selbstbedienungsrestaurant.	Heinz ist mitten in der Pubertät. Er gibt sich sehr stark und selbstsicher. Mädchen interessieren ihn in der Schule mehr als der Unterricht.
Abschnitt 2	
Einmal bestellt er sich im Restaurant eine billige italienische Gemüsesuppe.	Forsch und selbstsicher betritt er das Restaurant.
Abschnitt 3	
Er stellt seinen Teller auf einem freien Tisch ab. Dann geht er noch einmal zur Theke zurück, da er den Löffel vergessen hat. Er kommt zurück und sieht am Tisch einen Farbigen sitzen, der seine Suppe isst.	Er benimmt sich so, als sei er zu Hause. Wütend registriert er einen Fremden an seinem Tisch.
Abschnitt 4	
Heinz bleibt stehen.	In seiner ersten Verblüffung fallen ihm nur ausländerfeindliche Parolen ein. Mühsam gelingt es ihm, sich zu beherrschen und nichts zu sagen.

76

2 Inhaltsangabe einer Kurzgeschichte

Abschnitt 5

Dann setzt er sich ebenfalls an den Tisch und beginnt, mit seinem Löffel aus demselben Teller zu essen. Der Farbige blickt ihn mehrmals an, isst aber stumm weiter, bis der Teller leer ist. Heinz beobachtet sein Gegenüber und versucht ihn einzuschätzen.

Entschlossen setzt er sich, ist aber innerlich verunsichert und wird immer nervöser. Der Farbige fühlt sich beim Essen nicht dadurch gestört, dass ein Fremder sich an seinen Tisch setzt. Erstaunt über das merkwürdige Verhalten des Jungen schaut er ihn an, lässt aber keine Gefühlsregung erkennen. Heinz überlegt zunehmend verwirrter. Die Situation wird ihm immer unheimlicher.

Abschnitt 6

Der Farbige steht auf, holt und bezahlt unter den wachsamen Augen von Heinz einen Teller Spaghetti.

Stumm und starr vor grenzenloser Verblüffung verharrt Heinz auf seinem Platz. Der Farbige durchschaut Heinz' Gedanken und will ihm eine Lektion erteilen.

Abschnitt 7

Der Farbige kehrt mit dem Teller und zwei Gabeln an den Tisch zurück. Heinz nimmt die zweite Gabel und isst auch. Als sie fertig sind, lehnt der Farbige sich zurück und blickt ihn wieder an. Er sagt dabei kein Wort.

Der Farbige ist vollkommen Herr der Lage. Heinz ist nicht mehr Herr der Lage. Er kann den Blick seines Gegenübers nicht mehr ertragen.

Abschnitt 8

Währenddessen blickt Heinz im Saal umher und entdeckt auf dem Nebentisch, an dem kein Gast sitzt, seinen eigenen Teller Gemüsesuppe. Heinz erkennt, dass er sich an einen falschen Tisch gesetzt hatte.

Heinz erlebt den peinlichsten Augenblick seines Lebens.

Abschnitt 9

Heinz stimmt schließlich in das laute Lachen des Farbigen ein. Dieser stellt sich mit seinem Namen Marcel vor. Am Schluss verabreden sie sich für den nächsten Tag zum Spaghettiessen. Dazu wird Marcel von Heinz eingeladen.

Der Farbige quittiert den Vorfall humorvoll mit einem Schmunzeln und dann mit lautem Lachen. Er rettet die Situation mit seinem gewandten Benehmen, indem er sich vorstellt und Heinz zum Wiedersehen auffordert. Heinz' Anspannung löst sich nach und nach, bis auch er laut über das Missverständnis lachen kann und sich bei Marcel entschuldigt.

C   Aufgabenstellungen

Wichtig

Beim Zusammenfügen der äußeren Handlung mit den versachlichten Gedanken und Gefühlen musst du Folgendes beachten:

✘   Lass Unwichtiges weg.

✘   Wiederhole nicht bereits bekannte und verwendete Aussagen.

✘   Setze die Verben in die richtige Zeitstufe Präsens.

✘   Verbinde die einzelnen Sinnabschnitte durch Konjunktionen und Präpositionen zu einem flüssig lesbaren Gesamttext.

Wir nehmen uns nun die Sinnabschnitte der Reihe nach vor und verbessern entsprechend diesen Richtlinien.

34. Fasse Abschnitt 1 zu einem Text für deine Inhaltsangabe zusammen. Schreibe deinen Vorschlag auf die Zeilen.

_____

_____

_____

_____

_____

_____

_____

_____

Der folgende Lösungsvorschlag fasst alle wichtigen Elemente zusammen.

Text für Inhaltsangabe: Der etwa 14 Jahre alte Schüler Heinz, der mitten in der Pubertät steckt, gibt sich sehr stark und selbstsicher. Mädchen interessieren ihn mehr in der Schule als der Unterricht. Während der Mittagspause isst er häufig in einem Selbstbedienungsrestaurant.

2 Inhaltsangabe einer Kurzgeschichte

35. Schau dir den Text von Abschnitt 2 an. Welche Information hast du schon genannt und kannst diese bei Abschnitt 2 weglassen?

Richtig: Die Information der rechten Spalte hast du schon in Abschnitt 1 zum Ausdruck gebracht, nämlich dass Heinz sich stark und selbstsicher gibt. Also lässt du es hier einfach weg.

Text für Inhaltsangabe: Einmal bestellt er sich im Restaurant eine billige italienische Gemüsesuppe.

36. Bei Abschnitt 3 ist es sinnvoll, noch einige Konjunktionen einzubauen. Welche eignen sich wohl?

Wir verknüpfen die Sätze mit den Konjunktionen *nachdem* und *als*, da es sich um eine Abfolge zeitlicher Vorgänge handelt.

Text für Inhaltsangabe: Er benimmt sich so, als sei er zu Hause. Nachdem er seinen Teller auf einem freien Tisch abgestellt hat, geht er noch einmal zur Theke zurück, da er den Löffel vergessen hat. Als er zurückkommt, sieht er am Tisch einen Farbigen sitzen, der seine Suppe isst.

37. Was ist in Abschnitt 4 überflüssig für die Inhaltsangabe?

Genau: Überflüssig ist der Satz *Heinz bleibt stehen*. Du brauchst von Abschnitt 4 also nur die Informationen der rechten Spalte.

Text für Inhaltsangabe: In seiner ersten Verblüffung fallen ihm nur ausländerfeindliche Parolen ein. Mühsam gelingt es ihm, sich zu beherrschen und nichts zu sagen.

38. Fasse Abschnitt 5 zusammen und achte dabei darauf, dass du dich nicht wiederholst. Formuliere so knapp und sachlich wie möglich.

Text für Inhaltsangabe: Dann setzt er sich entschlossen an den Tisch und beginnt, mit seinem Löffel aus demselben Teller zu essen. Der Farbige fühlt sich nicht gestört, ist aber sehr erstaunt über das merkwürdige Verhalten des Jungen. Er blickt Heinz mehrmals an, isst aber stumm weiter. Heinz überlegt zunehmend verwirrter und ärgert sich darüber, dass der Farbige die Situation besser beherrscht als er.

C Aufgabenstellungen

39. Bei Abschnitt 6 musst du etwas umstellen, um den logischen Anschluss an Abschnitt 5 zu schaffen. Außerdem laufen zwei Handlungen gleichzeitig ab, was du durch das Wort *während* verdeutlichen kannst.

Text für Inhaltsangabe: Der Farbige durchschaut Heinz' Gedanken und will ihm eine Lektion erteilen. Während er aufsteht, einen Teller Spaghetti holt und bezahlt, verharrt Heinz verblüfft auf seinem Platz.

40. Achte bei Abschnitt 7 wieder auf die logische Anknüpfung an Abschnitt 6 und darauf, welche überflüssigen / doppelten Informationen du weglassen kannst.

Text für Inhaltsangabe: Nachdem der Farbige mit dem Teller und zwei Gabeln zurückgekommen ist, bedeutet er Heinz mitzuessen. In seiner Verwirrung folgt dieser der Aufforderung, wobei er immer ratloser überlegt, was in seinem Gegenüber vorgeht. Der Farbige blickt ihn gelassen und stumm an.

41. In Abschnitt 8 steht bei der inneren Handlung der Satz: *Heinz erlebt den peinlichsten Augenblick seines Lebens.* Fällt dir etwas auf? – Fasse danach den Abschnitt für deine Inhaltsangabe zusammen und überlege, was du weglassen kannst.

Heinz erlebt den peinlichsten Augenblick seines Lebens ist wörtlich aus der Kurzgeschichte übernommen – also gilt es, diesen Satz umzuformen, etwa so: *Heinz ist peinlich berührt.*

Text für Inhaltsangabe: Als Heinz auf dem Nebentisch seinen unberührten Teller Gemüsesuppe entdeckt, ist er peinlich berührt, denn er erkennt, dass er sich an den falschen Tisch gesetzt hat.

Weggelassen wurden *an dem kein Gast sitzt* und *eigenen*, denn beide Sachverhalte stecken in *unberührten*. Wichtig ist das Wort *als* zu Beginn, um den Zeitpunkt auszudrücken. Mit dem Wort *denn* fügst du die Begründung dafür an, dass Heinz peinlich berührt ist.

2 Inhaltsangabe einer Kurzgeschichte

42. Um in der Inhaltsangabe alle wichtigen Reaktionen von Heinz und Marcel nach Entdeckung des Missverständnisses wiedergeben zu können, ohne dass du zu ausführlich wirst, markierst du in Abschnitt 9 (siehe Seite 77) zuerst alle Adjektive, Verben und Substantive, die deiner Meinung nach unbedingt in die Inhaltsangabe gehören. Dann fasst du die wesentlichen Punkte der äußeren und inneren Handlung zusammen.

Text für Inhaltsangabe: Die Reaktion des Farbigen ist feinfühlig und humorvoll: Statt gekränkt zu sein, hat er Heinz zu seinem Spaghettiessen eingeladen und lacht nun lauthals über das Missverständnis. Heinz bittet reumütig um Entschuldigung, die vom Farbigen gewandt und souverän angenommen wird, indem er sich in perfektem Deutsch mit seinem Namen Marcel vorstellt und ein Wiedersehen am nächsten Tag vorschlägt. Heinz will sich dann bei Marcel mit einer Einladung zum Spaghettiessen revanchieren.

43. Neben dem Inhalt der einzelnen Abschnitte brauchst du für deine Inhaltsangabe nun noch eine passende Einleitung. Welche Angaben musst du darin machen?

Für die Einleitung brauchst du den Titel des Textes, den Namen des Autors / der Autorin und eine Angabe zur Textsorte. Außerdem musst du den Inhalt der Geschichte kurz andeuten. Aber Vorsicht: Du darfst dabei nicht zu viel verraten, sondern sollst vor allem neugierig auf den weiteren Verlauf deiner Inhaltsangabe machen.

Text für Inhaltsangabe: In der Kurzgeschichte „Spaghetti für zwei" von Federica de Cesco setzt sich ein Schüler während seiner Mittagspause in einem Restaurant versehentlich an einen falschen Tisch, wodurch er in eine peinliche Situation gerät.

C   Aufgabenstellungen

Aufsatzbeispiel

Einleitung

In der Kurzgeschichte „Spaghetti für zwei" von Federica de Cesco setzt sich ein Schüler während seiner Mittagspause in einem Restaurant versehentlich an einen falschen Tisch, wodurch er in eine peinliche Situation gerät.

Hauptteil

Der etwa 14 Jahre alte Schüler Heinz, der mitten in der Pubertät steckt, gibt sich sehr stark und selbstsicher. Mädchen interessieren ihn mehr in der Schule als der Unterricht. Während der Mittagspause isst er häufig in einem Selbstbedienungsrestaurant.

Einmal bestellt er sich im Restaurant eine billige italienische Gemüsesuppe. Er benimmt sich so, als sei er zu Hause. Nachdem er seinen Teller auf einem freien Tisch abgestellt hat, geht er noch einmal zur Theke zurück, da er den Löffel vergessen hat.

Als er zurückkommt, sieht er am Tisch einen Farbigen sitzen, der seine Suppe isst. In seiner ersten Verblüffung fallen ihm nur ausländerfeindliche Parolen ein. Mühsam gelingt es ihm, sich zu beherrschen und nichts zu sagen. Dann setzt er sich entschlossen an den Tisch und beginnt, mit seinem Löffel aus demselben Teller zu essen. Der Farbige fühlt sich nicht gestört, ist aber sehr erstaunt über das merkwürdige Verhalten des Jungen. Er blickt Heinz mehrmals an, isst aber stumm weiter. Heinz überlegt zunehmend verwirrter und ärgert sich darüber, dass der Farbige die Situation besser beherrscht als er. Der Farbige durchschaut Heinz' Gedanken und will ihm eine Lektion erteilen. Während er aufsteht, einen Teller Spaghetti holt und bezahlt, verharrt Heinz verblüfft auf seinem Platz.

Nachdem der Farbige mit dem Teller und zwei Gabeln zurückgekommen ist, bedeutet er Heinz mitzuessen. In seiner Verwirrung folgt dieser der Aufforderung, wobei er immer ratloser überlegt, was in seinem Gegenüber vorgeht. Der Farbige blickt ihn gelassen und stumm an.

2 Inhaltsangabe einer Kurzgeschichte

Als Heinz auf dem Nebentisch seinen unberührten Teller Gemüsesuppe entdeckt, ist er peinlich berührt, denn er erkennt, dass er sich an den falschen Tisch gesetzt hat. Die Reaktion des Farbigen ist feinfühlig und humorvoll: Statt gekränkt zu sein, hat er Heinz zu seinem Spaghettiessen eingeladen und lacht nun lauthals über das Missverständnis. Heinz bittet reumütig um Entschuldigung, die vom Farbigen gewandt und souverän angenommen wird, indem er sich in perfektem Deutsch mit seinem Namen Marcel vorstellt und ein Wiedersehen am nächsten Tag vorschlägt. Heinz will sich dann bei Marcel mit einer Einladung zum Spaghettiessen revanchieren.

> Das Aufsatzbeispiel zu „Spaghetti für zwei" ist eine komplett ausgearbeitete Inhaltsangabe. Dennoch ist dir sicher aufgefallen, dass zu Einleitung und Hauptteil noch ein Schlussteil ergänzt werden kann.
> Für den Schluss bietet es sich an, die Kernaussage herauszuarbeiten und zu formulieren (siehe hierzu auch das Kapitel 4 im Teil A dieses Buches, Seite 18 – 21). Frage deine Lehrerin / deinen Lehrer, ob das von dir verlangt wird. Falls ja, dann lies den folgenden Abschnitt zur Kernaussage aufmerksam durch.

Die Kernaussage formulieren

Manchmal verlangt deine Lehrerin / dein Lehrer das Herausarbeiten der Kernaussage eines Textes. Dies kann in der Einleitung der Inhaltsangabe erfolgen. Besser ist es jedoch im Schlussteil, denn die Kernaussage kannst du erst dann formulieren, wenn du den Text sehr gut kennst – also den Inhalt schon zusammengefasst hast.

Auf welche W-Frage gibt die Kernaussage eine Antwort? – Es ist die Frage *Warum?*, die es hier zu beantworten gilt.

> Die Frage *Warum?* forscht nach, warum die äußere und innere Handlung so verlaufen, dass die Geschichte erzählenswert ist. Es geht also um den Lesewert eines Textes. Die Antwort auf die Frage *Warum?* ermöglicht dir konkrete Ergebnisse für den Schlussteil der Inhaltsangabe, sodass du nicht banale Sätze wie *Die Geschichte hat mir gefallen* schreibst, sondern Auskunft gibst, *warum* dir die Geschichte gefallen – oder nicht gefallen – hat.

C Aufgabenstellungen

44. Frage dich selbst: Warum ist die Kurzgeschichte „Spaghetti für zwei"
erzählenswert?

Du kannst sicher viele gute Gründe aufzählen. Hier sind einige Möglichkeiten:

✗ Das Verhalten von Heinz ist gut nachvollziehbar. Seine Gefühle und
   Gedanken sind sehr lebensnah geschildert. Ein solches Missverständnis
   könnte jedem von uns passieren.

✗ Das Verhalten von Marcel ist sehr ungewöhnlich. Man kann ihn direkt
   bewundern, weil er so souverän und gelassen reagiert.

✗ Die Spannungskurve der äußeren Handlung steigt stetig an und wird durch
   die innere Handlung (vor allem durch die Gedanken und Reaktionen von
   Heinz) so plausibel gemacht, dass der Leser sich mitgerissen fühlt.

✗ Die Auflösung der Spannung ist nicht nur witzig, sondern auch menschlich
   sehr tröstlich, weil es gut tut zu lesen, dass zwei junge Leute sich am
   Schluss humorvoll vertragen, statt böse auseinander zu gehen.

45. Schreibe einen möglichen Schlussteil der Inhaltsangabe mit Kernaussage
auf die Zeilen. Du kannst dich dabei an den Vorschlägen aus Aufgabe 44
orientieren.

_____

_____

_____

_____

_____

_____

_____

_____

_____

_____

2 Inhaltsangabe einer Kurzgeschichte

Eine mögliche Lösung ist:

Stellungnahme

Diese Geschichte finde ich erzählenswert, weil ein solches Missverständnis jedem von uns passieren kann. Der Vorfall im Restaurant wird glaubwürdig dargestellt, etwa das Verhalten von Heinz, das gut nachvollziehbar ist. Am Schluss wird deutlich, dass sich hinter seinem Benehmen ein gut erzogener Jugendlicher verbirgt, der auch über sich selbst lachen kann. Marcels souveräne Reaktion ist bewundernswert. Die Auflösung des Konflikts ist sehr tröstlich, weil es gut tut zu lesen, dass zwei junge Leute sich schließlich humorvoll vertragen, statt böse auseinander zu gehen.

C Aufgabenstellungen

3 Inhaltsangabe einer Ich-Erzählung
Siegfried Lenz:
Das unterbrochene Schweigen

Zwei Familien, Nachbarn, gab es in Bollerup, die hatten seit zwei-
hundert Jahren kein Wort miteinander gewechselt – obwohl ihre
Felder aneinandergrenzten, obwohl ihre Kinder in der gleichen
Schule erzogen, ihre Toten auf dem gleichen Friedhof begraben
5   wurden. Beide Familien hießen, wie man vorauseilend sich gedacht
haben wird, Feddersen, doch wollen wir aus Gründen der
Unterscheidung die eine Feddersen-Ost, die andere Feddersen-West
nennen, was auch die Leute in Bollerup taten.

Diese beiden Familien hatten nie ein Wort gewechselt, weil sie sich
10 gegenseitig – wie soll ich sagen: für Abschaum hielten, für
Gezücht, für Teufelsdreck mitunter; man haßte und verachtete sich
so dauerhaft, so tief, so vollkommen, daß man auf beiden Seiten
erwogen hatte, den Namen zu ändern – was nur unterblieben war,
weil die einen es von den andern glaubten erwarten zu können.
15 So hieß man weiter gemeinsam Feddersen, und wenn man die
Verhaßten bezeichnen wollte, behalf man sich mit Zoologie, sprach
von Wölfen, Kröten, Raubaalen, Kreuzottern und gelegentlich auch
von gefleckten Iltissen. Was den Anlaß zu zweihundertjährigem
Haß und ebenso langem Schweigen gegeben hatte, war nicht mehr
20 mit Sicherheit festzustellen; einige Greise meinten, ein verschwun-
denes Wagenrad sei die Ursache gewesen, andere sprachen von
ausgenommenen Hühnernestern; auch von Beschädigung eines
Staketenzauns war die Rede.

86

3 Inhaltsangabe einer Ich-Erzählung

Doch der Anlaß, meine ich, ist unwichtig genug, er braucht uns
nicht zu interessieren, wohingegen von Interesse sein könnte, zu   25
erfahren, daß in beiden Familien alles getan wurde, um dem Haß
dauerhaften Ausdruck zu verleihen. Um nur ein Beispiel zu geben:
wenn in einer Familie die Rede auf den Gegner kam, machten
eventuell anwesende kleine Kinder ungefragt die Geste des Hals-
abschneidens, und wie mein Schwager wissen will, verfärbten sich   30
sogar anwesende Säuglinge – was ich jedoch für eine Mißdeutung
halte. Fest steht jedoch, daß die Angehörigen beider Familien bei
zwangsläufigen Begegnungen mit geballten Fäusten wegsahen
oder automatisch Zischlaute der Verachtung ausstießen. Gut. Bis
hierhin setzt das keinen in Erstaunen, etwas Ähnliches hat jeder   35
wohl schon mal gehört.
Doch Erstaunen mag vielleicht die Ankündigung hervorrufen, daß
das feindselige Schweigen an einem Gewitterabend gebrochen
werden wird – aber ich will nacheinander erzählen.

Nach zweihundertjährigem Schweigen waren an einem Abend die   40
Vorstände der beiden Familien in ihren Booten hinausgefahren, um
Reusen aufzunehmen: Friedrich Feddersen vom Osten und Leo
Feddersen vom Westen. Manche in Bollerup, deren Felder sich zum
Strand hin erstreckten, betrieben nebenher einträglichen Fischfang,
so auch Friedrich, so auch Leo Feddersen. Gleichzeitig, will ich mal   45
sagen, entfernten sich ihre Boote vom Strand, strebten den Reusen
zu, fuhren dabei über eine stumpfe, glanzlose Ostsee, unter dunk-
lem, niedrigem, jedenfalls reglosem Abendhimmel – dem Himmel,
unter welchem die Blankaale zu wandern beginnen. Es war schwül,
etwas drückte auf die Schläfen, da konnte man nicht sorglos sein.   50
Die Männer, die einander längst bemerkt hatten, verhielten sich, als

seien sie allein auf der Ostsee, fuhren mit kurzen Ruderschlägen zu
den Pfahlreihen, in denen die Reusen hingen. Sie banden ihre
Boote fest, nahmen die Reusen auf und lösten die Schnüre, und
55 während sie ihre Aale sorgsam ins Boot ließen, machte der Abend
wahr, was er Eingeweihten schon angedeutet hatte: er entlud sich.

Schnell formierte er ein Gewitter über der Ostsee, am Himmel
wurde etwas umgestellt, heftige Windstöße krausten und riffelten
das Wasser, Wellen sprangen auf, und ehe die beiden Männer es
60 gewahr wurden, hatte ein heftiger Regen sie überfallen, und
Dunkelheit hatte den Strand entrückt. Strömung und Wellen ver-
banden sich, verlangten den rudernden Männern alles ab an Kraft
und Geschicklichkeit, und sie ruderten, ruderten noch länger, wurden abgetrieben, ruderten immer noch – wir brauchen da nicht
65 kleinlich zu sein. Wir haben es in der Hand, die tief verfeindeten
Herren ausdauernd arbeiten zu lassen, können ihnen den Wider-
stand des Windes entgegensetzen, können die Elemente nach
Herzenslust toben lassen, uns sind da keine Grenzen gesetzt.

Nur in einem bestimmten Augenblick müssen wir uns an die
70 Geschichte gebunden fühlen, und das heißt: die Boote der tief
Verfeindeten müssen von Strömung, Wind und planvollen Wellen
zueinander geführt werden, sie haben aus dem Aufruhr aufzutau-
chen und sich in kürzestem Abstand zueinander zu befinden. Denn
so verhielt es sich doch: ohne daß es in der Absicht der Männer
75 gelegen hätte, wurden ihre Boote zusammengeführt, gerieten zur
gleichen Zeit auf den Kamm einer Welle, wurden, meinetwegen
krachend, gegeneinandergeworfen, überstanden den Anprall nicht,
sondern schlugen um.

3 Inhaltsangabe einer Ich-Erzählung

Beide Männer waren Nichtschwimmer, beide taten, was Nichtschwimmer in solchen Augenblicken tun: sie klammerten sich   80
aneinander, umarmten sich inständig, wollten den andern um
keinen Preis freigeben. Sie tauchten gemeinsam unter, schluckten
gemeinsam Wasser, stießen sich gemeinsam vom Grund ab und
wurden in ihrer verzweifelten Umklammerung von einer langen
Welle erfaßt und einige Meter strandwärts geworfen. Wer will,   85
könnte noch erzählen, wie sie prusteten und tobten, sich wälzten
und nicht voneinander lassen mochten, während Welle auf Welle
sie erfaßte und dem Strand näherbrachte. Wir wollen uns damit
begnügen, festzustellen, daß sie auf einmal Grund gewannen, sich
in ihrer Gemeinsamkeit dem Sog widersetzten, zum Strand hinwa-   90
teten und den Strand auch erreichten, glücklich und immer noch
aneinandergeklammert. Die Erschöpfung veranlaßt sie, sich niederzusetzen, Arm in Arm, und nach der Überlieferung soll Friedrich
nach zweihundertjährigem Schweigen folgendermaßen das Wort
genommen haben: „Schade um die Aale." Darauf soll Leo gesagt   95
haben: „Ja, schade um die Aale." Dann langte jeder von ihnen in
die Joppentasche, holte ein breites, flaches Fläschchen mit Rum
hervor, und es fielen wiederum einige Worte, nämlich „Prost,
Friedrich", und „Prost, Leo".

So, und jetzt müssen wir etwas Zeit verstreichen, die Fläschchen   100
leer werden lassen, wobei allerdings erwähnenswert ist, daß die
Männer die Flaschen tauschten. Sie wärmten sich durch, schlugen
sich auf die Schultern, beobachteten schweigend die Ostsee, die
sich Mühe gab, erregt zu erscheinen; dann lachten sie, warfen die
leeren Flaschen ins Wasser und gingen untergehakt über die Steil- 105
küste, durch den Mischwald nach Bollerup zurück. Daß sie ein Lied

anstimmten, ist nicht erwiesen, aber erwiesen ist, daß sie Arm in

Arm bis zum Dorfplatz gingen, sich plötzlich voneinander lösten

und sich überrascht mit Blicken maßen, wobei ihre Kiefer hart, ihre

110   Münder lippenlos geworden sein sollen. Und auf einmal zischte Leo

Feddersen: „Kröte", und Friedrich zischte zurück: „Gefleckter Iltis,

du" – wonach beide es für angebracht hielten, sich nach Ost und

West zu entfernen.

Seitdem besteht zwischen beiden Familien wieder das schöne, tra-

115   gische Schweigen, sind sie sich in zweihundertjährigem Haß ver-

bunden; und so sind es die Leute von Bollerup, die selten nach

Ursachen fragen, auch gewöhnt.

Den Text verstehen – äußere und innere Handlung

Sobald du den Text durchgelesen hast, schlägst du in einem Wörterbuch oder
Lexikon zunächst alle Wörter nach, die du nicht kennst (zum Beispiel
Staketenzaun oder *Reuse*).

Die Handlung des Textes ist an manchen Stellen durchaus erstaunlich. Etwa die
Tatsache, dass die beiden Männer sich trotz ihrer Familienfeindschaft gegenseitig
retten und längere Zeit Arm in Arm am Strand sitzen bleiben. Oder das Ende der
Geschichte: Hättest du vielleicht einen anderen Schluss erwartet? Nun, aufgrund
der Vorgeschichte wäre es denkbar gewesen, dass die beiden Männer nach ihrer
Rettung so dankbar sind, dass sie die alte Feindschaft aufgeben. Versuchen wir, der
Sache nach und nach auf den Grund zu gehen.

46. Was meinst du: Gibt es im Text einen (deutlichen) Hinweis, der erwarten lässt, dass die Männer ihre Feindschaft wieder aufnehmen werden?

In der Tat, einen solchen Hinweis gibt es – und zwar im Titel der Geschichte: „Das *unterbrochene* Schweigen". Ein Schweigen ist nur dann unterbrochen, wenn es wieder aufgenommen wird. Nachdem du die Geschichte gelesen hast, ist dir klar, warum der Titel so passend ist. Das Schweigen war vorher da und wird nachher erneut eintreten.

> Als erste Annäherung an eine Geschichte, zu der du eine Inhaltsangabe schreiben sollst, ist es von Vorteil, nach den Stellen zu forschen, die dich erstaunen, verwundern, zum Lachen oder zum Nachdenken bringen. So solltest du auch nie vergessen, den Titel der Geschichte unter die Lupe zu nehmen. Aus diesen Erkenntnissen kannst du dir schon eine erste Vorstellung darüber bilden, worum es in der Geschichte geht.
>
> Wenn der Schluss der Geschichte zu diesen wichtigen Stellen gehört, kannst du dir überlegen, ob es sich um eine Geschichte mit Pointe handelt. Außerdem bietet sich hier die Überlegung an: Wie kommt es zu diesem Schluss?

Wichtig

Wenden wir uns nun der äußeren Handlung der Geschichte zu. Mit Hilfe der W-Fragen gewinnst du einen Überblick über das Geschehen.

C Aufgabenstellungen

47. Lies die Geschichte ein zweites Mal und markiere dabei Informationen zu den Personen, zu Ort, Zeit und zum Ablauf der Handlung. Beantworte dann die W-Fragen *Wer?, Wo?, Wann?, Was?* und *Wie?* schriftlich auf einem Blatt Papier.

Dein Notizzettel wird etwa so aussehen:

Wer? Die Handlungsträger der Geschichte sind die beiden Familien Feddersen, vor allem Friedrich und Leo Feddersen.

Wo? Die Geschichte spielt in Bollerup (einem Ort an der Ostsee), auf der Ostsee und am Strand von Bollerup.

Wann? Das Geschehen ereignet sich (nach zweihundertjährigem Streit zwischen den beiden Familien) an einem schwülen Gewitterabend.

Was? Zwei Männer aus verfeindeten Familien treffen sich; sie scheinen die Feindschaft zu überwinden, doch diese besteht weiter.

Wie? Die Handlung, auf die in der Überschrift angespielt wird (das unterbrochene Schweigen), ist eingebettet in einen Rahmen, in dem das vorausgehende und das nachfolgende Geschehen dargestellt werden.

3 Inhaltsangabe einer Ich-Erzählung

48. Beschreibe den Rahmen, der die in der Überschrift genannte Handlung einfasst, und formuliere in wenigen Sätzen die Handlung innerhalb dieses Rahmens.

_____
_____
_____
_____
_____
_____
_____
_____
_____

Der Rahmen wird gebildet von den Zeilen 1 – 39 (Vorgeschichte) und den Zeilen 114 – 117 (Folgen); in Stichworten: Schweigen – Reden – Schweigen.
Die Handlung innerhalb des Rahmens verläuft so: Friedrich und Leo Feddersen fahren – jeder für sich – mit einem Fischerboot aufs Meer hinaus, werden von einem Sturm überrascht und kentern, aber können sich retten. Nach der Rettung, auf die sie anstoßen und nach der sie miteinander sprechen, trennen sich ihre Wege wieder.

Wichtig

Die äußere Handlung kann – wie hier – in einen Rahmen eingebettet sein, der Vorgeschichte und Folgen der Handlung beschreibt. Um die Geschichte für die Inhaltsangabe vollständig zu erfassen, brauchst du also den Handlungsrahmen sowie die im Rahmen ablaufende Handlung (Binnenhandlung).

Wenden wir uns jetzt den Personen zu, ihren Reaktionen, Gedanken und Gefühlen, also der inneren Handlung.

C Aufgabenstellungen

49. Markiere im Text (siehe Seite 86 – 90) die Informationen, die du über die beiden verfeindeten Familien und ihren Streit erhältst. Notiere die wichtigsten Punkte, die du auch mit Hilfe von W-Fragen finden kannst, auf ein Blatt Papier.

– *Wie / Wovon leben die Familien?*

Die Mitglieder beider Feddersen-Familien sind Landwirte und betreiben „nebenher einträglichen Fischfang" (Z. 44).

– *Von wem werden die Familien zur Zeit des Geschehens angeführt?*

Von den Vätern Friedrich und Leo.

– *Wie viele Generationen sind in den Streit verwickelt?*

Es müssen mehrere Generationen sein, denn der Streit dauert bereits seit 200 Jahren. Im Text werden Greise erwähnt, die sich an vergangenes Geschehen erinnern; die Erwachsenen Friedrich und Leo tragen den Streit aktuell aus. Außerdem ist von kleinen Kindern und Säuglingen die Rede, die den Streit fortsetzen werden.

– *Was ist der Anlass des Streits?*

Das ist unklar; es gibt nur verschiedene Vermutungen (Z. 18 – 23).

Hass, Feindseligkeit und Verachtung bestimmen das Verhalten der streitenden Personen. Die Familienmitglieder beschimpfen sich mit Tiernamen oder sie schweigen, wenn sie einander sehen (dies steckt auch im Titel der Geschichte). Weitere Verhaltensweisen erfahren wir, wenngleich der Erzähler dabei teilweise einräumt, dass sie Missdeutungen seien (vgl. Zeile 31).

3 Inhaltsangabe einer Ich-Erzählung

50. Markiere im Text (siehe Seite 86 – 90) Formulierungen, die negative
Gefühle der handelnden Personen zum Ausdruck bringen.

Diese Textstellen solltest du markiert haben:

- weil sie sich gegenseitig (...) für Abschaum hielten, für Gezücht, für
  Teufelsdreck mitunter; man haßte und verachtete sich so dauerhaft, so
  tief, so vollkommen (Z. 9 – 12)

- die Verhaßten (Z. 15f.)

- zweihundertjährige(m) Haß (Z. 18f.)

- um dem Haß dauerhaften Ausdruck zu verleihen (Z. 26f.)

- Zischlaute der Verachtung (Z. 34)

- das feindselige Schweigen (Z. 38)

- die tief verfeindeten Herren (Z. 65f.)

- die Boote der tief Verfeindeten (Z. 70f.)

- sich plötzlich voneinander lösten und sich überrascht mit Blicken maßen,
  wobei ihre Kiefer hart, ihre Münder lippenlos geworden sein sollen
  (Z. 108ff.)

- Und auf einmal zischte Leo Feddersen: „Kröte", und Friedrich zischte
  zurück: „Gefleckter Iltis, du" – wonach es beide für angebracht hielten,
  sich nach Ost und West zu entfernen (Z. 110 – 113)

- Seitdem besteht zwischen beiden Familien wieder das schöne, tragische
  Schweigen, sind sie sich in zweihundertjährigem Haß verbunden (Z. 114ff.)

51. Markiere im Text (siehe Seite 86 – 90) Formulierungen, die positive
Gefühle der handelnden Personen zum Ausdruck bringen.

Diese Textstellen solltest du markiert haben:

- sie klammerten sich aneinander (Z. 80f.)

- umarmten sich inständig, wollten den anderen um keinen Preis freigeben
  (Z. 81f.)

- Sie tauchten gemeinsam unter, schluckten gemeinsam Wasser, stießen sich
  gemeinsam vom Grund ab und wurden in ihrer verzweifelten Umklammerung von einer langen Welle erfaßt und einige Meter strandwärts
  geworfen. (Z. 82 – 85)

- wie sie prusteten und tobten, sich wälzten und nicht voneinander lassen
  mochten (Z. 86f.)

- sich in ihrer Gemeinsamkeit dem Sog widersetzten, zum Strand hinwateten und den Strand auch erreichten, glücklich und immer noch aneinandergeklammert. (Z. 89 – 92)
- Die Erschöpfung veranlaßt sie, sich niederzusetzen, Arm in Arm (Z. 92f.)
- „Schade um die Aale." – „Ja, schade um die Aale." (Z. 95f.)
- „Prost, Friedrich", und „Prost, Leo". (Z. 98f.)
- daß die Männer die Flaschen tauschten (Z. 101f.)
- Sie wärmten sich durch, schlugen sich auf die Schultern, beobachteten schweigend die Ostsee (Z. 102f.)
- dann lachten sie, warfen die leeren Flaschen ins Wasser und gingen untergehakt über die Steilküste, durch den Mischwald nach Bollerup zurück. (Z. 104ff.)
- Daß sie ein Lied anstimmten, ist nicht erwiesen, aber erwiesen ist, daß sie Arm in Arm bis zum Dorfplatz gingen (Z. 106ff.)

Wichtig

> Reaktionen, Gedanken und Gefühle der handelnden Personen zu erfassen ist ein wesentlicher Teil der Arbeit, wenn du einen Text verstehen willst. Dazu gehört auch, dass du beachtest, wo welche Gefühle beschrieben werden und wie sie sich möglicherweise verändern.

Bei genauer Betrachtung der markierten Stellen kannst du feststellen, dass die negativen Gefühle im Rahmen der Geschichte (Z. 1 – 39 und Z. 114 – 117) sowie im ersten Teil der Binnenhandlung (Z. 40 – 78) auftauchen. Die positiven Gefühle kommen im zweiten Teil der Binnenhandlung (Z. 79 – 108) vor.
Wie kommt es zu diesem Wandel der Gefühle? Was ist in der äußeren Handlung geschehen? – Nun, Friedrich und Leo Feddersen haben gemeinsam eine lebensgefährliche Situation heil überstanden.

Wichtig

> Äußere und innere Handlung einer Geschichte gehören zusammen. Reaktionen, Gedanken und Gefühle der Personen spiegeln, was auf der Ebene der äußeren Handlung passiert.

In der Geschichte „Das unterbrochene Schweigen" kommen immer wieder Kommentare des Erzählers vor, der behauptet, die Bewohner von Bollerup gut zu kennen. Der Erzähler ist der 1926 in Ostpreußen geborene Schriftsteller Siegfried Lenz. Er beschreibt in vielen seiner Geschichten eine Landschaft oder eine Zeit, die vergangen ist, die aber in seiner Erinnerung bzw. in seiner Fantasie noch lebendig ist.

3 Inhaltsangabe einer Ich-Erzählung

Wichtig

> Bei deinen Vorarbeiten für eine Inhaltsangabe musst du bedenken, dass Schriftsteller – also auch Siegfried Lenz – in ihren Texten nicht immer selbst auftreten. Oft schicken sie einen Erzähler vor, der in der Geschichte als Beobachter, als Handelnder oder als Kommentierender vorkommt.

Der Erzähler tritt in der Geschichte „Das unterbrochene Schweigen" an verschiedenen Stellen in Erscheinung. Du merkst das daran, dass er dabei meist als *ich* oder *wir* spricht.

52. Was erreicht der Erzähler dadurch, dass er als *ich* oder *wir* spricht?

Vermutlich spürst du, dass der Erzähler dir als Leser ziemlich nahe rückt. Er bezieht dich ins Geschehen mit ein. Durch *wir* und *uns* wird immer jemand direkt angesprochen – und das kann ja nur der Leser der Geschichte sein.

Es gibt noch weitere Stellen im Text, die dich als Leser ansprechen und ins Geschehen einbeziehen. Als gründlicher Leser der Geschichte hast du diese Abschnitte sicher bereits gefunden:

- Beide Familien hießen, wie man vorauseilend sich gedacht haben wird (Z. 5f.)

- Doch der Anlaß (...), er braucht uns nicht zu interessieren (Z. 24f.)

- Gut. Bis hierher setzt das keinen in Erstaunen, etwas Ähnliches hat jeder wohl schon mal gehört. (Z. 34ff.)

Hier wird ein Leser angesprochen, der sich auf die Geschichte einlässt, dessen Gedanken tatsächlich vorauseilen, den der Anlass des Schweigens vielleicht doch interessiert und der neugierig ist auf die Geschichte, die ihm hier erzählt wird. Die letzte Feststellung des Erzählers ist dabei besonders tückisch: Natürlich ist der Durchschnittsleser der Geschichte höchst erstaunt über die Vorkommnisse in Bollerup. Der Erzähler zieht den Leser in die Geschichte hinein, indem er Wörter wie *man*, *keiner* und *jeder*, aber auch *wir* und *uns* verwendet.

Wichtig

> Der Erzähler kann in Geschichten auftauchen als *ich, wir, man, jeder* oder *keiner*. Er kann den Leser auch direkt ansprechen als *du, ihr* oder *Sie*. Die Verwendung derartiger Personalpronomen sagt etwas aus über die Beziehung zwischen dem Erzähler, den in der Geschichte auftretenden Personen und dem Leser.
> Die Glaubwürdigkeit eines Textes – also seine Überzeugungskraft für den Leser – hängt stark davon ab, wie der Erzähler im Text auftritt. Der Kommentar des Erzählers kann wichtige Hinweise darauf geben, wie wir als Leser die Geschichte verstehen sollen. Der Erzähler lenkt und beeinflusst uns – und diesen Einfluss müssen wir erkennen.

53. Ist es denn der Erzähler, dessen „Schwager" angeblich selbst ein Bewohner von Bollerup ist, der die Informationen über die Personen und den Ablauf der Handlung gesammelt hat?

Nein, es ist natürlich der Autor Siegfried Lenz, der sich die Geschichten aus Ostpreußen ausgedacht und damit den Erzähler, der in der Geschichte *ich* sagt, gleich mit erfunden hat.

Wichtig

> Siegfried Lenz, der Autor dieser Geschichte, ist nicht notwendigerweise der Schwager eines Bewohners von Bollerup. Vermutlich tut er nur so, denn es ist seine Aufgabe als Schriftsteller, uns in die Geschichte hineinzulocken.

Der Frage, warum die Geschichte für den Leser interessant ist, gehen wir nach, wenn wir die Kernaussage herausarbeiten (siehe Seite 111ff).

Eine sachliche Ausdrucksweise finden

Jede Inhaltsangabe verlangt von dir eine sachliche Ausdrucksweise. Dies gilt sowohl für die Darstellung der äußeren Handlung als auch für die Wiedergabe von Reaktionen, Gedanken und Gefühlen der Personen. Mit treffenden Verben und Adjektiven, abstrakten Substantiven zur Wiedergabe von Gefühlen und einem komplexen Satzbau (eher Satzgefüge als Satzreihen) erreichst du den sachlichen Stil der Inhaltsangabe.

54. Lies noch einmal den Text der Rahmenhandlung (siehe Seite 86 – 90, Z. 1 – 39 und 114 – 117) durch. Suche einerseits nach konkreten, gefühlsbetonenden Verben und andererseits nach neutralen, abstrakten Verben. Wie viele findest du? Schreibe sie jeweils auf ein Blatt Papier. Schau dir erst danach die folgende Auflistung an.

gefühlsbetonende Verben	sich hassen, sich verachten, (das Hals-)abschneiden, (Zischlaute) ausstoßen, wegsehen, sich verfärben, sich (in Haß) verbunden sein
neutrale Verben	geben, wechseln, aneinandergrenzen, erziehen, begraben, heißen, denken, nennen, tun, sich halten für, erwägen, ändern, glauben, erwarten, heißen, bezeichnen, sich behelfen, sprechen, geben, feststellen, meinen, sprechen, meinen, interessieren, erfahren, tun, (Ausdruck) verleihen, (Beispiel) geben, machen, wissen, halten für, feststehen, (in Erstaunen) setzen, hören

3 Inhaltsangabe einer Ich-Erzählung

Wenn du in den gleichen Textpassagen die Adjektive untersuchst, wirst du feststellen, dass außer *tief* und *geballt* nur abstrakte, neutrale Adjektive vorkommen:

neutrale Adjektive dauerhaft, vollkommen, gefleckt, zweihundertjährig, lang, verschwunden, ausgenommen, unwichtig, anwesend, zwangsläufig

Wichtig

> Mit Verben und Adjektiven kann eine Handlung einerseits gefühlsbetont-dramatisch erzählt, andererseits sachlich-nüchtern dargestellt werden. Es ist für die Inhaltsangabe einer Geschichte wichtig, welche Art der Verben und Adjektive vorherrscht – entsprechend unterschiedlich ist die Art der Darstellung in der Geschichte.

55. Lies noch einmal den Text der Binnenhandlung (siehe Seite 86 – 90, Z. 40 – 113) durch. Suche nach konkreten, gefühlsbetonenden sowie andererseits nach neutralen, abstrakten Verben und Adjektiven. Wie viele findest du? Schreibe sie jeweils auf ein Blatt Papier. Schau dir erst danach die folgende Auflistung an.

gefühlsbetonende Verben zustreben, drücken, nicht sorglos sein, hängen, binden, aufnehmen, lösen, (ins Boot) lassen, sich entladen, krausen, riffeln, aufspringen, überfallen, entrücken, sich verbinden, rudern, abgetrieben werden, arbeiten, toben, (keine Grenzen) setzen, zueinander führen, auftauchen, zusammenführen, gegeneinander werfen, krachen, nicht überstehen, umschlagen, tun, sich klammern, sich umarmen, untertauchen, (Wasser) schlucken, sich abstoßen, prusten, toben, sich wälzen, sich widersetzen, waten, sich niedersetzen, (das Wort) nehmen, langen, holen, (Worte) fallen, tauschen, sich zuprosten, sich wärmen, sich schlagen, lachen, werfen, untergehakt gehen, sich lösen, sich messen, zischen, zurückzischen

neutrale Verben hinausfahren, aufnehmen, sich erstrecken, betreiben, sich entfernen, zustreben, fahren, wandern, sich bemerken, sich verhalten, fahren, nehmen, formieren, umstellen, gewahr werden, sich gebunden fühlen, sich verhalten, erzählen, feststellen, veranlassen, erwiesen sein

99

C Aufgabenstellungen

gefühlsbetonende Adjektive	zweihundertjährig, einträglich, stumpf, glanzlos, dunkel, niedrig, reglos, nicht sorglos, kurz, sorgsam, heftig, rudernd, tief verfeindet, planvoll, kürzest, verzweifelt, lang, glücklich, breit, flach, leer, hart, lippenlos, gefleckt
neutrale Adjektive	– – –

Sicher bist du überrascht vom Ergebnis dieser Untersuchung: Es gibt tatsächlich keine neutralen Adjektive in diesem Handlungsteil, aber sehr viel mehr gefühlsbetonende, konkrete Verben als in der Rahmenhandlung.

Wichtig

> Die unterschiedliche Art des Erzählens, die sich aus der Verwendung von Verben und Adjektiven ergibt, zeigt die unterschiedlichen Funktionen von Rahmenhandlung und Binnenhandlung. Vorgeschichte und Hintergrund werden eher neutral in der Rahmenhandlung dargestellt, während das Dramatische, das der Geschichte auch den Titel gegeben hat, in der Binnenhandlung steht.

Was ergibt sich daraus für deine eigenen Formulierungen in der Inhaltsangabe? – Richtig: Du wirst darauf achten müssen, dass du für die vielen konkreten, gefühlsbetonenden Verben und Adjektive Formulierungen findest, die deren Inhalt knapp und sachlich zusammenfassen. Dabei können dir abstrakte Substantive helfen.

56. Benenne die wechselnden Gefühle von Friedrich und Leo Feddersen mit den entsprechenden Substantiven.

Die Männer fühlen zunächst Hass und Verachtung (wie alle Mitglieder der verfeindeten Familien), während des Sturms Angst und Verzweiflung und aufgrund ihrer Rettung Freude, Glück und Zufriedenheit.

57. Von deiner Aufsatzarbeit weißt du, dass auch direkte Rede zur Wiedergabe von Gefühlen geeignet ist. Wie ist das hier? Welche Gefühle kommen in den wenigen Worten direkter Rede im Text zum Ausdruck?

- In „Schade um die Aale." – „Ja, schade um die Aale." (Z. 95f.) kommt Bedauern der beiden Männer zum Ausdruck.

- In „Prost, Friedrich" und „Prost, Leo" (Z. 98f.) kommt die Verbundenheit der beiden durch die gemeinsame Rettung zum Ausdruck.

- In „Kröte" und „Gefleckter Iltis, du" (Z. 111f.) zeigt sich der zwischen den Männern wieder aufflammende Hass.

3 Inhaltsangabe einer Ich-Erzählung

58. Formuliere die drei Textstellen mit direkter Rede so um, dass nur das jeweilige Gefühl sachlich benannt wird. Schreibe deine Vorschläge auf die Zeilen.

So könnten deine Formulierungen lauten:

● Nach ihrer Rettung drücken die beiden Männer ihr Bedauern über den Verlust der Aale aus.

● Friedrich und Leo Feddersen stoßen auf ihre Rettung an.

● Nach der überraschenden Annäherung nehmen die beiden ihre feindseligen Beschimpfungen wieder auf.

C Aufgabenstellungen

Die Inhaltsangabe schreiben

Nach dem Erfassen der äußeren und inneren Handlung geht es im nächsten Schritt darum, die Sinnabschnitte des Textes festzulegen.

59. Lies die Textvorlage (siehe Seite 86 – 90) noch einmal gründlich und markiere die Sinnabschnitte (bei diesem Text sind es insgesamt neun). Notiere anschließend auf ein Blatt Papier die Zeilennummern, wo jeder Abschnitt anfängt und aufhört.

Der Text „Das unterbrochene Schweigen" ist in folgende Sinnabschnitte eingeteilt:
Abschnitt 1:   Zeile   1 – 39
Abschnitt 2:   Zeile   40 – 56
Abschnitt 3:   Zeile   57 – 68
Abschnitt 4:   Zeile   69 – 78
Abschnitt 5:   Zeile   79 – 92
Abschnitt 6:   Zeile   92 – 99
Abschnitt 7:   Zeile 100 – 108
Abschnitt 8:   Zeile 108 – 113
Abschnitt 9:   Zeile 114 – 117

Die Abschnitte 1 und 9 bilden die Rahmenhandlung. Während der Anfang des Rahmens sehr lang ist (Z. 1 – 39), umfasst sein Schluss nur vier Zeilen (Z. 114 – 117).

Auch in der Binnenhandlung sind die Sinnabschnitte unterschiedlich lang. Die Erklärung dafür ist, dass sich hier eine dramatische äußere wie innere Handlung abspielt, während in den Rahmenabschnitten nur Vorgeschichte und Folgen erzählt werden.

Wichtig

> Die Handlung einer Geschichte kann sehr unterschiedlich verlaufen: Sie kann sich langsam entwickeln, viele Beschreibungen oder Hintergrundinformationen enthalten – wie die Rahmenhandlung der Geschichte „Das unterbrochene Schweigen"; sie kann aber auch vorwärts drängen – wie die Binnenhandlung des Textes von Siegfried Lenz, die sehr dramatisch abläuft.

3 Inhaltsangabe einer Ich-Erzählung

60. Fasse die Binnenhandlung des Textes „Das unterbrochene Schweigen"
(Z. 40 – 113), die in jedem Sinnabschnitt zu erkennen ist, in wenigen Sätzen
zusammen. Schreibe deine Vorschläge auf ein Blatt Papier.

So könnte dein Notizzettel aussehen:

Abschnitt 1: RAHMEN!

Abschnitt 2: An einem Abend fahren die Väter beider Familien
mit ihren Booten auf die Ostsee hinaus, um
Aale aus den ausgelegten Reusen zu holen.

Abschnitt 3: Ein Unwetter überrascht die beiden Männer.

Abschnitt 4: Der Sturm treibt die Boote zusammen, lässt
beide auf einer Welle zusammenprallen und
kentern.

Abschnitt 5: Die Männer können nicht schwimmen. Sie klammern sich aneinander und versuchen, dem
Wasser zu entkommen. Schließlich gelingt es
ihnen, sich gemeinsam an den Strand zu retten.

Abschnitt 6: Erschöpft setzen sie sich und bedauern übereinstimmend, dass die Aale verloren sind. Um
sich aufzuwärmen, trinken sie gemeinsam Rum,
wobei sie die Flaschen untereinander tauschen
und diese dann leer ins Meer werfen.

Abschnitt 7: Gemeinsam – untergehakt – gehen die beiden
Männer zurück in ihr Dorf.

Abschnitt 8: Auf dem Dorfplatz trennen sie sich, schauen
sich feindselig an und beschimpfen sich gegenseitig.

Abschnitt 9: RAHMEN!

C Aufgabenstellungen

61. Natürlich müssen wir auch noch die Rahmenhandlung unter die Lupe nehmen. Versuche das mit den Zeilen 1 bis 39 und fasse diesen Abschnitt in etwa sechs Sätzen zusammen.

_____

_____

_____

_____

_____

_____

_____

_____

_____

_____

_____

So könnte deine Lösung aussehen:

Im Ort Bollerup leben zwei Familien seit mehreren Generationen in Feindschaft. Beide tragen denselben Namen. Die Feindschaft zwischen ihnen äußert sich in heftigen Beschimpfungen. Über die Gründe und den Anlass der Feindschaft gibt es nur Vermutungen. Die Familien sind bestrebt, die gegenseitige Abneigung aufrechtzuerhalten, was sich bei zufälligen Begegnungen zeigt. Eines Tages jedoch verändert sich etwas in ihrer Beziehung zueinander.

Eine äußere Handlung ist in diesem Abschnitt nicht erkennbar. Es handelt sich eher um innere Handlung: Wir erfahren etwas über die Vorgeschichte und über die Beziehung der Personen zueinander.

3 Inhaltsangabe einer Ich-Erzählung

62. Fasse nun noch den letzten Abschnitt des Textes (Z. 114 bis 117) kurz
zusammen.

_____

_____

_____

_____

_____

_____

Die Lösung sieht so aus:

Die Feindschaft zwischen den beiden Familien lebt wieder auf. Damit entwickelt
sich die Handlung so, wie die Dorfbevölkerung es erwartet.

Jetzt kommen wir zum Ausformulieren der Inhaltsangabe, in der äußere und innere Handlung sowie der Erzähler berücksichtigt werden müssen. Wir gehen wieder
schrittweise vor und beginnen mit dem Einleitungssatz.

> In die Einleitung der Inhaltsangabe gehören der Name des Autors (plus
> eventuell wenige ergänzende Angaben wie etwa Geburtsjahr und -ort),
> der Titel der Geschichte sowie eine knappe Information darüber, worum
> es in der Geschichte geht.

Wichtig

Die Einleitung der Inhaltsangabe zu „Das unterbrochene Schweigen" kann so
formuliert werden:

**Text für Inhaltsangabe –
Einleitung:**   In seiner Geschichte „Das unterbrochene Schweigen"
erzählt der 1926 in Ostpreußen geborene Schriftsteller
Siegfried Lenz aus dem Leben zweier Familien, die als
Landwirte und Fischer an der Ostsee leben und deren
Alltag von einer bereits 200 Jahre dauernden Feind-
schaft zueinander geprägt ist.

105

C Aufgabenstellungen

63. Formuliere jetzt die Zusammenfassung der Rahmenhandlung. Orientiere dich dabei an den Lösungen der Aufgaben 61 und 62.

Deine Lösung könnte so aussehen:

Text für Inhaltsangabe – Rahmenhandlung:	Zwei Familien, die beide Feddersen heißen, hassen sich gegenseitig, wobei weder ihnen selbst noch dem Leser klar wird, aus welchen Gründen dieser Hass ausgebrochen ist. Er wird über Generationen weitergetragen, sogar kleine Kinder wachsen in diese Feindschaft hinein. Bei alltäglichen, zufälligen Begegnungen zwischen Mitgliedern der beiden Familien äußert sich der Hass in Beschimpfungen und feindseligen Gesten. Der Erzähler kündigt an, dass sich an dieser Grundsituation eines Tages etwas ändert

Was ist hier anders als in den Sätzen aus den Aufgaben 61 und 62? – Richtig: Die Zusammenfassung ist noch konkreter. Teilweise sind Handlungsschritte umgestellt und miteinander verknüpft.

Der nächste Schritt ist die Formulierung der Abschnitte 2 bis 8, für die du bei Aufgabe 60 das Gerüst entworfen hast.

Wichtig

> Die endgültigen Formulierungen orientieren sich an den Sätzen, die für einzelne Sinnabschnitte jeweils formuliert wurden. Mit Konjunktionen und anderen sprachlichen Gestaltungsmitteln werden diese Sätze zu einem Textzusammenhang verknüpft, der auch logische Beziehungen klar darstellt.

64. Verknüpfe die Abschnitte 2 und 3 durch die temporale Konjunktion *als* und verwende anstelle des Aktivs das Passiv.

Ausgangstext:	An einem Abend fahren die Väter beider Familien mit ihren Booten auf die Ostsee hinaus, um Aale aus den ausgelegten Reusen zu holen. Ein Unwetter überrascht die beiden Männer.
Text für Inhaltsangabe:	**Als** die Väter beider Familien an einem Abend mit ihren Booten auf die Ostsee hinausfahren, um Aale aus den ausgelegten Reusen zu holen, **werden sie von einem Unwetter überrascht**

106

3 Inhaltsangabe einer Ich-Erzählung

Die Formulierung für Abschnitt 4 (siehe Seite 103) ist schon in der ersten Fassung gelungen – du kannst den Text so lassen. Schließlich musst du nicht krampfhaft versuchen, jeden Satz mit einer Konjunktion einzuleiten. Beim Satzbau gilt – wie insgesamt beim Stil: Abwechslung ist gefragt, nicht Einseitigkeit.

Text für Inhaltsangabe: Der Sturm treibt die Boote zusammen, lässt beide auf einer Welle zusammenprallen und kentern.

65. Leite den Abschnitt 5 mit der kausalen Konjunktion *da* ein und füge als Begründung für das Handeln der Männer *in ihrer Angst* ein. Die Sätze 2 und 3 verbindest du mit dem Relativpronomen *was*. Der letzte Teil *sich gemeinsam an den Strand zu retten* wird ein selbstständiger Satz. Achte dabei auf die notwendigen Veränderungen beim Satzbau.

Ausgangstext: Die Männer können nicht schwimmen. Sie klammern sich aneinander und versuchen, dem Wasser zu entkommen. Schließlich gelingt es ihnen, sich gemeinsam an den Strand zu retten.

Text für Inhaltsangabe: **Da** die Männer nicht schwimmen können, klammern sie sich **in ihrer Angst** aneinander und versuchen, dem Wasser zu entkommen, **was** ihnen schließlich gelingt. **Sie retten sich gemeinsam an den Strand**

66. Markiere in Abschnitt 6 zunächst die Informationen, die du nicht für die Inhaltsangabe brauchst.

Ausgangstext: Erschöpft setzen sie sich und bedauern übereinstimmend, dass die Aale verloren sind. Um sich aufzuwärmen, trinken sie gemeinsam Rum, wobei sie die Flaschen untereinander tauschen und diese dann leer ins Meer werfen.

So oder so ähnlich solltest du markiert haben:

Erschöpft setzen sie sich und bedauern übereinstimmend, dass die Aale verloren sind. Um sich aufzuwärmen, trinken sie gemeinsam Rum, wobei sie die Flaschen untereinander tauschen und diese dann leer ins Meer werfen.

107

C   Aufgabenstellungen

67. Leite nun die beiden Sätze mit der temporalen Konjunktion *nachdem* ein, ersetze das Verb *verloren sind* durch das Substantiv *Verlust* und lass die überflüssigen Informationen (siehe Markierung) weg.

Inhaltsangabe: Nachdem sie sich erschöpft gesetzt und den Verlust der Aale bedauert haben, trinken sie gemeinsam Rum, wobei sie die Flaschen untereinander tauschen.

Es geht weiter mit Abschnitt 7. Dort heißt es: *Gemeinsam – untergehakt – gehen die beiden Männer zurück in ihr Dorf.* Warum kehren die Männer untergehakt in ihr Dorf zurück? – Richtig: Weil sie zufrieden und glücklich sind über ihre Rettung.

68. Fasse diese Feststellung mit dem Text zu Abschnitt 6 (= Lösung zu Aufgabe 67) für deine Inhaltsangabe zusammen.

So sieht die Zusammenfassung der Sinnabschnitte aus:

Text für Inhaltsangabe: Nachdem sie sich erschöpft gesetzt und den Verlust der Aale bedauert haben, trinken sie gemeinsam Rum, wobei sie die Flaschen untereinander tauschen. Dann kehren sie zufrieden und glücklich über ihre Rettung untergehakt in ihr Dorf zurück. Das Gefühl, sich gegenseitig gerettet zu haben, hat sie für einen Augenblick miteinander verbunden.

Jetzt musst du noch Abschnitt 8 anfügen. Dort heißt es:

Ausgangstext: Auf dem Dorfplatz trennen sie sich, schauen sich feindselig an und beschimpfen sich gegenseitig.

Erinnere dich: Warum endet die Geschichte mit dem Schweigen der beiden Männer? – Genau: Sie erinnern sich, als sie auf dem Dorfplatz ankommen, an die seit Jahrhunderten dauernde Feindschaft zwischen ihren Familien.

3 Inhaltsangabe einer Ich-Erzählung

69. Formuliere Abschnitt 8 so um, dass diese Begründung enthalten ist.
Schreibe deinen Vorschlag auf die Zeilen.

Deine Lösung kann so aussehen:

Text für Inhaltsangabe: Auf dem Dorfplatz angekommen, erinnern sie sich
wieder an die Feindschaft zwischen ihren Familien.
Deshalb trennen sie sich, schauen sich feindselig
an und beginnen wieder mit gegenseitigen Beschimpfungen.

Am Ende fehlt nur noch der zweite Teil der Rahmenhandlung, den du bereits formuliert hast (siehe Seite 105, Aufgabe 62).

Text für Inhaltsangabe: Die Feindschaft zwischen den beiden Familien lebt
wieder auf. Damit entwickelt sich die Handlung so,
wie die Dorfbevölkerung es erwartet.

C   Aufgabenstellungen

Die indirekte Rede verwenden

Wenn du beim Schreiben von Inhaltsangaben kein Einsteiger mehr bist, sollte
dein Aufsatz wenigstens an einer Stelle zeigen, dass du die Regeln der indirekten
Rede anwenden kannst.

70.   Wandle die folgenden Zeilen der Textvorlage – soweit notwendig – in die
indirekte Rede um. Versuche dabei möglichst selbstständig zu formulieren.
Schreibe deine Ideen auf die Zeilen und vergleiche sie anschließend mit
den Lösungsvorschlägen.

(...) soll Friedrich nach zweihundertjährigem Schweigen folgendermaßen
das Wort genommen haben: „Schade um die Aale." Darauf soll Leo
gesagt haben: „Ja, schade um die Aale." Dann langte jeder von ihnen in
die Joppentasche, holte ein breites, flaches Fläschchen mit Rum hervor,
und es fielen wiederum einige Worte, nämlich „Prost, Friedrich", und
„Prost, Leo".

_____

_____

_____

_____

_____

_____

Und auf einmal zischte Leo Feddersen: „Kröte", und Friedrich zischte
zurück: „Gefleckter Iltis, du" (...)

_____

_____

_____

_____

_____

So können deine Vorschläge aussehen:

Friedrich soll gesagt haben, dass er den Verlust der Aale bedaure. Leo soll dem zugestimmt haben und beide sollen sich dann gegenseitig zugeprostet haben.

Leo Feddersen meint zischend, Friedrich sei eine Kröte, woraufhin dieser unfreundlich entgegnet, dass Leo ein gefleckter Iltis sei.

Im Aufsatzbeispiel (siehe Seite 113f.) werden wir aus beiden Stellen jeweils einen Teil übernehmen. Das reicht für eine Geschichte, in der ja das Schweigen zwischen den Personen überwiegt. Durch die Verwendung der indirekten Rede ergeben sich im Aufsatzbeispiel kleine Abweichungen von den bisher erarbeiteten Lösungsschritten. Sei also nicht überrascht, wenn du es liest. Der Einbau der indirekten Rede ist jedoch eine sinnvolle Ergänzung für dein eigenes Aufsatztraining.

Die Kernaussage formulieren

Manchmal verlangt deine Lehrerin / dein Lehrer das Herausarbeiten der Kernaussage eines Textes. Dies kann in der Einleitung der Inhaltsangabe erfolgen. Besser ist es jedoch im Schlussteil, denn die Kernaussage kannst du erst dann formulieren, wenn du den Text sehr gut kennst – also den Inhalt schon zusammengefasst hast.

Auf welche W-Frage gibt die Kernaussage eine Antwort? – Es ist die Frage *Warum?*, die es hier zu beantworten gilt, also die Frage, warum die Geschichte für den Leser interessant ist. Wie du inzwischen weißt, hat beim Text „Das unterbrochene Schweigen" der Erzähler seine Hände im Spiel.

71. Denke kurz nach und fasse zusammen, was du inzwischen über den Erzähler der Geschichte weißt.

Der Autor der Geschichte ist Siegfried Lenz, der Erzähler aber ist einer, von dem wir hören, dass er die Geschichte der Bewohner von Bollerup gut kennt. Zwar wird nicht ganz klar, weshalb – trotzdem sind wir ihm auf den Leim gegangen und haben uns in seine Geschichte hineinziehen lassen.

Durch die Kommentare des Erzählers wird klar, dass sich hinter den lächerlichen Anlässen für die Feindschaft (Staketenzaun, Hühnernester, Wagenrad) etwas Grundsätzliches verbirgt, was Beziehungen zwischen Menschen beeinträchtigen und beschädigen kann. Was ist das in diesem Fall? Der Schluss der Geschichte kann dir Aufschluss geben. – Richtig: Es sind die „Erwartungen" der Dorfbewohner, das, woran diese gewöhnt sind, das, was immer schon so war (= die Tradition). Diese Tradition wird gefestigt, bleibt erhalten, wenn die beiden Feinde sich nicht ändern.

C Aufgabenstellungen

72. Schreibe einen möglichen Schlussteil der Inhaltsangabe mit Kernaussage als Stellungnahme auf die Zeilen.

_____

_____

_____

_____

_____

_____

_____

_____

Eine mögliche Lösung ist:

Stellungnahme   Die Geschichte ist ein Beispiel für Verhaltensweisen, die die Beziehungen zwischen Menschen in einer Gemeinschaft beschädigen können. Sie zeigt, wie unwichtige Streitigkeiten sich verselbstständigen, wenn sie nicht ausgeräumt werden. Aus einem kleinen Zwist entwickeln sich Feindseligkeit, Verachtung und Hass.

Das ist die negative Erkenntnis aus der Geschichte. Mit welchem Verhalten der beiden Männer bietet der Autor eine Lösung des Konflikts an? – Mit dem Verhalten, das die beiden Männer unmittelbar nach der gemeinsamen Rettung zeigen. Sie sprechen miteinander, freuen sich, helfen sich in ihrer Ausnahmesituation.

Aber warum kommt es nicht zu einer dauerhaften Versöhnung der beiden Männer? – Nun, die Erwartungen der Dorfbewohner sind offensichtlich zu stark. Die Einwohner von Bollerup sind es „gewöhnt", dass die Feddersens verfeindet sind. Die Gemeinschaft kann wie eine träge Masse sein, die eher das Verharren in eingefahrenen Zuständen verstärkt, als dass sie es in Frage stellt. Friedrich und Leo schaffen es nicht, dieses starre Bild dauerhaft zu durchbrechen.

Aufsatzbeispiel

Einleitung

In seiner Geschichte „Das unterbrochene Schweigen" erzählt der 1926 in Ostpreußen geborene Schriftsteller Siegfried Lenz aus dem Leben zweier Familien, die als Landwirte und Fischer an der Ostsee leben und deren Alltag von einer bereits 200 Jahre dauernden Feindschaft zueinander geprägt ist.

Hauptteil

Zwei Familien, die beide Feddersen heißen, hassen sich gegenseitig, wobei weder ihnen selbst noch dem Leser klar wird, aus welchen Gründen dieser Hass ausgebrochen ist. Er wird über Generationen weitergetragen, sogar kleine Kinder wachsen in diese Feindschaft hinein. Bei alltäglichen, zufälligen Begegnungen zwischen Mitgliedern der beiden Familien äußert sich der Hass in Beschimpfungen und feindseligen Gesten. Der Erzähler kündigt an, dass sich an dieser Grundsituation eines Tages etwas ändert.

Als die Väter beider Familien an einem Abend mit ihren Booten auf die Ostsee hinausfahren, um Aale aus den ausgelegten Reusen zu holen, werden sie von einem Unwetter überrascht. Der Sturm treibt die Boote zusammen, lässt beide auf einer Welle zusammenprallen und kentern. Da die Männer nicht schwimmen können, klammern sie sich in ihrer Angst aneinander und versuchen, dem Wasser zu entkommen, was ihnen schließlich gelingt. Sie retten sich gemeinsam an den Strand.

Nachdem sie sich erschöpft gesetzt und den Verlust der Aale bedauert haben, trinken sie gemeinsam Rum, wobei sie die Flaschen untereinander tauschen. Dann kehren sie zufrieden und glücklich über ihre Rettung untergehakt in ihr Dorf zurück. Das Gefühl, sich gegenseitig gerettet zu haben, hat sie für einen Augenblick miteinander verbunden.

Auf dem Dorfplatz angekommen, erinnern sie sich wieder an die Feindschaft zwischen ihren Familien. Deshalb trennen sie sich, schauen sich feindselig an und beginnen wieder mit gegenseitigen Beschimpfungen. Leo Feddersen nennt Friedrich eine Kröte, worauf dieser wütend entgegnet, Leo sei ein gefleckter Iltis.

C   Aufgabenstellungen

Schluss	Die Feindschaft zwischen den beiden Familien lebt wieder auf. Damit entwickelt sich die Handlung so, wie die Dorfbevölkerung es erwartet.
Stellungnahme	Die Geschichte ist ein Beispiel für Verhaltensweisen, die die Beziehungen zwischen Menschen in einer Gemeinschaft beschädigen können. Sie zeigt, wie unwichtige Streitigkeiten sich verselbstständigen, wenn sie nicht ausgeräumt werden. Aus einem kleinen Zwist entwickeln sich Feindseligkeit, Verachtung und Hass.

4   Inhaltsangabe einer Zeitungsreportage
Susanne Danke: *Das Asyl der Exoten*

Mickey mag nicht. Er wehrt sich mit aller Kraft, die in seinen zwei Kilogramm Körpergewicht stecken. Dr. Birgit Oidtmann, Anje und Vanessa mühen sich vergeblich – sein Blut gibt Mickey, die Schildkröte, nicht freiwillig her. Wenn er seine Muskeln anspannt, hat die

5 Spritze keine Chance, ans Ziel zu kommen. Vanessa, siebtes Semester Tiermedizin, hält Mickeys Vorderbeine fest. Anje, Tierärztin bei der Doktorarbeit, versucht, seinen Kopf zu fixieren. Birgit Oidtmann sticht und zieht und sticht und zieht. Drei Spritzen sind schon ungefüllt im Abfall gelandet – nein, freiwillig gibt Mickey sein Blut nicht her.

10 Das Blut brauchen die Tierärzte zur Überprüfung der Harnwerte: Mickey ist nierenkrank. Da geht es ihm wie vielen seiner Artgenossen, den häufigsten Patienten der Münchner Reptilien-Spezialisten in der Tierklinik der Ludwig-Maximilians-Universität, Arbeitsbereich Zoologie, Fischereibiologie, Fisch- und Reptilienmedizin. (...)

Der giftgrüne Leguan nebendran schaut wachsam. Vor drei Wochen   15
wurde ihm eine hühnereigroße Eiterbeule am Maul entfernt. Die
rechte Wange ist immer noch dick; die Schwellung wird nie mehr
ganz weggehen – der Besitzer hatte zu lange gezögert, bis er das
Tier in die Klinik gebracht hat – wegen der hohen Behandlungs-
kosten, die schnell den Kaufwert eines Tieres um ein Vielfaches   20
übersteigen können.

„Ich beobachte drei Sorten von Haltern", erzählt Anje. „Da gibt es
die echten Kenner, die Freaks, die ihre komplette Wohnung dem
Reptil anpassen, sich auskennen. Dann die Mütter-Kategorie: Das
Kind hat eine Tierhaar-Allergie, also kommt eine Schildkröte ins   25
Haus. Die sind sehr bemüht, aber meistens nicht richtig informiert.
Und dann sieht man immer öfter solche vom Typ ‚Kampfhund-
freund'. Die haben am liebsten Schlangen, möglichst giftig."

Und die landen dann über kurz oder lang im Allerheiligsten der
Reptilienklinik – im Giftschlangen-Raum. Im Keller hinter zwei gut   30
verschlossenen Türen werden sie verwahrt. Nur vier Mitarbeiter
haben Zugang. „Alle Schlangen hier wurden von den Behörden
beschlagnahmt. Zum Teil ermittelt noch die Staatsanwaltschaft",
sagt Rudolf Hoffmann, Chef der Fakultät. Angst hat der Professor
nicht. Aber Respekt. Auch vor Überraschungen. „Neulich rief die   35
Kripo an: Sie hatten einen Mann im ICE geschnappt, der hatte
einen Sack Schlangen. Natürlich wusste keiner, welche. Als der Sack
bei uns war, ahnten wir an der Größe und den Bewegungen des
Tieres, dass es keine Viper oder Natter sein konnte. Ganz vorsichtig
haben wir den Sack in einem Terrarium geöffnet. Heraus schoss   40
eine fuchsteufelswilde Schwarze Baumschlange. Hochgiftig und
aggressiv. Wir hatten Recht mit der Vorsicht." Gegen solche

C Aufgabenstellungen

Erfahrungen erscheint es dann fast schon wieder einfach, einer
Schildkröte Blut abzuzapfen. (...)

45 Berthold Merkel, Vorsitzender des Münchner Tierschutzvereins,
meint, dass Tiere wie Eidechsen, Reptilien, exotische Frösche,
Schildkröten und Papageien, die nicht zu unseren klassischen
Haustieren gehören, nicht verschenkt werden sollten. „Man muss
aufpassen, ob die Tiere geeignet sind. Ganz wichtig: Ist das Tier
50 willkommen? Es reicht nicht, wenn der Schenker sich freut – der
Beschenkte muss sich freuen können. Er muss auch damit rechnen,
dass er sehr viel Verantwortung übernimmt. Tiere brauchen Zeit,
Tiere brauchen soziale Ansprache, Tiere kosten auch Geld."

Auf die Frage, ob Tiere für Kinder sinnvolle Geschenke sein können,
55 zitiert er den Philosophen Arthur Schopenhauer, der vor 150 Jahren
Mitglied des Münchner Tierschutzvereins war: „Wenn ein Kind mit
Tieren aufwächst, wird es als Erwachsener weniger Gewalt gegen
seine Mitmenschen anwenden. Durch Tiere wird ein Kind veran-
lasst, sehr früh schon Verantwortung zu übernehmen." (...) Der
60 Tierschützer rät: „Mit Nagern kann man relativ früh anfangen, so
mit vier Jahren, würde ich sagen: Meerschweinchen, Hamster,
Zwergkaninchen. Katzen und Hunde sind sowieso Familientiere, da
muss die ganze Familie mit einbezogen werden. Wichtig ist: Alle
Tiere brauchen Ansprache. Man kann sie nicht einfach auf den
65 Speicher räumen." (...)

aus: *Süddeutsche Zeitung*, 3. 12. 2001

4 Inhaltsangabe einer Zeitungsreportage

Den Text verstehen

Sobald du den Text durchgelesen hast, schlägst du in einem Wörterbuch oder Lexikon alle Wörter nach, die du nicht kennst (zum Beispiel *Freaks* oder *Terrarium*).

Beim Lesen der Überschrift dieses Textes wirst du zunächst auf eine falsche Fährte gelenkt: Ein *Asyl* ist eigentlich eine Notunterkunft für Menschen; auch unter *Exoten* stellt man sich zuerst einmal Menschen vor.

73. Ab welcher Textstelle merkst du als Leser, dass in dem Artikel über Tiere und nicht über Menschen geschrieben wird?

Der Leser merkt dies erst ab Zeile 4, wo sich herausstellt, dass Mickey eine Schildkröte ist.

74. Welcher Effekt wird durch die Überschrift und die ersten Sätze erzielt? Schreibe deine Vorschläge auf die Zeilen.

Über bestimmte – exotische – Tiere wird geschrieben, als seien sie Menschen. Damit ist klar, dass die Journalistin, die über diese Abteilung der Tiermedizinischen Fakultät berichtet, große Achtung vor den Tieren hat. Das gilt auch für die Mitarbeiter in der Klinik.

C Aufgabenstellungen

75. Lies den Text noch einmal und fasse die Fakten zusammen, über die die Journalistin berichtet. Beantworte dabei die W-Fragen *Wer?, Wo?, Wann?* und *Was?* schriftlich auf einem Blatt Papier.

Dein Notizzettel wird etwa so aussehen:

> **Wer?** Mickey, die Schildkröte; der giftgrüne Leguan; eine Schwarze Baumschlange; Dr. Birgit Oidtmann, Ärztin in der Reptilienklinik; Anje, Tierärztin bei der Doktorarbeit; Vanessa, Studentin der Tiermedizin im siebten Semester; Rudolf Hoffmann, Chef der Tierklinik; Berthold Merkel, Vorsitzender des Münchner Tierschutzvereins.
>
> **Wo?** Tierklinik der Ludwig-Maximilans-Universität, Arbeitsbereich Zoologie, Fischereibiologie, Fisch- und Reptilienmedizin
>
> **Wann?** ? ? ? – Im Text gibt es dazu keinen Hinweis; da der Artikel am 3. Dezember 2001 in der Süddeutschen Zeitung erschienen ist, dürfte der Besuch der Journalistin in der Tierklinik kurz vorher stattgefunden haben.
>
> **Was?** Es geht um die artgerechte Behandlung kranker und gesunder exotischer Tiere.

Schauen wir uns das Was (= die Handlung) einmal näher an. Was geschieht ganz konkret? – Nicht viel: Mickey, die Schildkröte, wehrt sich gegen eine Blutabnahme. Dies beobachtet ein Leguan, der drei Wochen vorher operiert worden war. Außerdem erfährt der Leser im Rückblick, dass eine von der Kripo eingelieferte giftige Schwarze Baumschlange versucht hatte, die Wärter anzugreifen.

Wichtig

> Ein Kennzeichen von Zeitungsreportagen ist, dass sie reale Ereignisse, Stimmungen und Aussagen von Betroffenen direkt wiedergeben. Dadurch wird der dargestellte Sachverhalt für den Leser sehr anschaulich.

4 Inhaltsangabe einer Zeitungsreportage

76. Um welchen Sachverhalt handelt es sich hier?

Die Reportage gibt Beispiele für das, was in einer Reptilienklinik täglich passiert. Damit wird gezeigt, wie sorgfältig und fürsorglich dort kranke exotische Tiere behandelt werden – so, als handle es sich um Menschen.

77. Welche Teile des Artikels sind wichtiger als die Schilderungen der Ereignisse?

Wichtiger sind:

- Die Erklärungen der Journalistin zur verzögerten Operation des Leguans (Z. 18 – 21); hier wird klar gemacht, dass die Tierliebe vieler Tierhalter dann endet, wenn die Tierpflege Geld kostet.

- Die Wiedergabe der Beobachtungen von Anje über die drei unterschiedlichen Einstellungen von Tierhaltern (Z. 22 – 28); Menschen halten sich Haustiere aus verschiedenen Gründen. Anje teilt Tierhalter in drei Kategorien ein: solche, die ihr ganzes Leben auf das Tier einstellen, auch ihre Wohnung; Mütter, die nicht aus Liebe zum Tier, sondern aus Liebe zu ihrem Kind ein Tier anschaffen; Angeber, die sich mit gefährlichen Tieren umgeben, um Eindruck zu machen.

- Die Ausführungen des Vorsitzenden des Münchner Tierschutzvereins über das Schenken von Tieren (Z. 45 – 65); er äußert sich zu zwei Themen:

① Regeln zum Tiergeschenk: Im Grunde sollten in Deutschland nur heimische Haustiere gehalten werden. Außerdem sollte sich derjenige, der ein Tier verschenken will, folgende Fragen stellen: Wird das Tier, das man schenken will, auch wirklich gewünscht? Viele sind sich nicht bewusst, dass man Tieren viel Zeit und Zuwendung schenken muss und dass ihre Pflege Geld kostet.

② Beziehung zwischen Kind und Haustier: Die Beziehung zwischen Kind und Tier erzieht das Kind zur Gewaltlosigkeit. Aber die Tierart muss dem Alter des Kindes angemessen sein.

Wichtig

Neben der anschaulichen Schilderung von Ereignissen werden in Zeitungsreportagen häufig Zitate von fachkundigen Leuten abgedruckt. Dadurch steigt der Wahrheitsgehalt der Reportage. Natürlich hat der Autor des Artikels seine Hand im Spiel, indem er die Zitate entsprechend seiner eigenen Absicht auswählt.

C Aufgabenstellungen

78. Was meinst du? Inwiefern fasst der letzte Satz des interviewten
Tierschützers die Aussage des gesamten Artikels zusammen?
Schreibe deine Ideen auf die Zeilen.

_____

_____

_____

_____

_____

Wer ein Haustier hält, muss ihm Zeit und Zuwendung schenken. Tiere lassen sich
nicht – wie Gegenstände – wegräumen. Tiere ähneln also sehr den Menschen.
Diese Aussage wird indirekt schon im ersten Absatz bei der ausführlichen
Schilderung von Mickeys Blutabnahme gemacht.

Eine sachliche Ausdrucksweise finden

79. Formuliere sachlich in einem Satz, wie die Schildkröte Mickey gegen die
Blutabnahme ankämpft.

_____

_____

Es bedarf des Einsatzes von drei Fachkräften, um der Schildkröte Mickey Blut für
eine Überprüfung ihrer Harnwerte abzunehmen.

80. Formuliere sachlich in drei Sätzen, was Anje über Tierhalter sagt.

_____

_____

_____

_____

120

Es gibt Tierliebhaber, die ihre ganze Umgebung auf ein Zusammenleben mit dem Tier einstellen. Dann gibt es die Eltern, die ein Tier für ihr Kind wünschen und es nach den Bedürfnissen ihres Kindes auswählen, ohne selbst etwas von dem Tier zu verstehen. Der dritte Typ des Tierhalters bevorzugt gefährliche Tiere, weil er damit seinen Mut zum Risiko zeigen will.

81. Formuliere sachlich den Vorfall mit der Giftschlange.

_____

_____

_____

_____

Aus einem Sack, der von der Kripo in einem ICE beschlagnahmt und danach in der Reptilienklinik vorsichtig geöffnet wurde, schnellte eine giftige Schwarze Baumschlange heraus.

Die Inhaltsangabe schreiben

Zunächst musst du überlegen, um welches Thema es in dem Artikel geht: Es geht um die Arbeit in der Reptilien-Abteilung der Tierklinik der Münchner Ludwig-Maximilians-Universität und um die Frage, welche Tiere als Haustiere geeignet sind.

In der Einleitung deiner Inhaltsangabe muss – neben dem Thema – der Titel des Textes, der Name der Autorin / des Autors sowie Erscheinungsort und Datum des Textes stehen. Das sieht dann etwa so aus:

Einleitung   In der Zeitungsreportage „Das Asyl der Exoten" von Susanne Danke, erschienen in der Süddeutschen Zeitung vom 3.12.2001, geht es um die Arbeit in der Reptilien-Abteilung der Tierklinik der Ludwig-Maximilians-Universität München und um die Frage, welche Tiere sich als Haustiere eignen und welche nicht.

C Aufgabenstellungen

82. Lies die Textvorlage (siehe Seite 114ff.) noch einmal gründlich und markiere die Sinnabschnitte (bei diesem Text sind es insgesamt sechs). Notiere anschließend auf ein Blatt Papier die Zeilennummern, wo jeder Abschnitt anfängt und aufhört.

Der Text „Das Asyl der Exoten" ist in folgende Sinnabschnitte eingeteilt:

Abschnitt 1:   Zeile 1 – 14
Abschnitt 2:   Zeile 15 – 21
Abschnitt 3:   Zeile 22 – 28
Abschnitt 4:   Zeile 29 – 44
Abschnitt 5:   Zeile 45 – 53
Abschnitt 6:   Zeile 54 – 65

83. Formuliere nun den Inhalt jedes Abschnitts in wenigen Sätzen. Du kannst dabei auf die bisher erarbeiteten Ergebnisse zurückgreifen. Denke auch an die Regeln der Inhaltsangabe: sachlich schreiben, Präsens verwenden, eigene Formulierungen finden, keine direkte Rede übernehmen. Schreibe deine Vorschläge auf ein Blatt Papier.

So könnte dein Notizzettel aussehen:

Abschnitt 1:   Die Schildkröte Mickey ist nierenkrank. Um die Harnwerte zu überprüfen, muss ihr Blut abgenommen werden. Dazu bedarf es des Einsatzes von drei Fachkräften.

Abschnitt 2:   Ein Leguan, der vor drei Wochen operiert worden ist, beobachtet die Szene. Spuren einer Eiterbeule sind noch an seinem Maul zu sehen und werden bleiben, weil sein Besitzer den Leguan zu spät in die Tierklinik gebracht hat.

Abschnitt 3:   Nach Aussage der Tierärztin Anje gibt es drei verschiedene Typen von Tierbesitzern. Es gibt Tierliebhaber, die ihre ganze Umgebung auf ein Zusammenleben mit dem Tier einstellen. Dann gibt es die Eltern, die ein Tier für ihr Kind wünschen und es nach den Bedürfnissen ihres

4 Inhaltsangabe einer Zeitungsreportage

Kindes auswählen, ohne selbst etwas von dem Tier zu verstehen. Der dritte Typ des Tierhalters bevorzugt gefährliche Tiere, weil er damit seinen Mut zum Risiko zeigen will.

Abschnitt 4: Rudolf Hoffmann, der Leiter der Reptilien-Klinik, weiß aus Erfahrung, dass gefährliche Schlangen letztlich bei ihnen in der Klinik landen, weil es verboten ist, solche Tiere als Haustier zu halten. Sie werden in einem speziellen Raum gut bewacht. Mit dem Beispiel einer im ICE beschlagnahmten giftigen Schwarzen Baumschlange verdeutlicht er die Gefahr, die im Umgang mit solchen gefährlichen Tieren liegt.

Abschnitt 5: Der Vorsitzende des Münchner Tierschutzvereins, Berthold Merkel, ist der Meinung, dass nur heimische Haustiere verschenkt werden sollten. Nicht die Freude des Schenkenden, sondern die des Empfängers des Tieres muss der Grund für die Wahl eines solchen Geschenkes sein. Viele Menschen sind sich nicht bewusst, dass man Tieren viel Zeit und Zuwendung schenken muss und dass ihre Pflege teuer werden kann.

Abschnitt 6: Mit einem Zitat des Philosophen Arthur Schopenhauer unterstreicht Merkel die Bedeutung eines Haustieres für die Entwicklung eines Kindes. Durch den Umgang mit einem Tier wird das Kind zur Gewaltlosigkeit erzogen. Aber die Tierart muss dem Alter des Kindes angemessen sein. Noch einmal betont der Tierschützer, was er zu Beginn gesagt hat: Wer ein Haustier hält, muss diesem Tier Zeit und Zuwendung schenken. Tiere lassen sich nicht – wie Gegenstände – wegräumen, wenn man keine Lust mehr hat.

C Aufgabenstellungen

Die indirekte Rede verwenden

Bisher haben wir alle Zitate aus der Reportage in Aussagesätze umgewandelt. Wenn du beim Schreiben von Inhaltsangaben kein Einsteiger mehr bist, sollte dein Aufsatz zeigen, dass du die Regeln der indirekten Rede anwenden kannst.

84. Wandle Anjes Beitrag (siehe Text zu Abschnitt 3 in der Lösung zu Aufgabe 83) in die indirekte Rede mit Konjunktiv um. Beginne mit: *Anje meint, ...*

_____

_____

_____

_____

_____

_____

_____

_____

Anje meint, dass es drei verschiedene Typen von Tierbesitzern **gebe**. Es **gebe** Tierliebhaber, die ihre ganze Umgebung auf ein Zusammenleben mit dem Tier **einstellten**. Dann **gebe** es die Eltern, die ein Tier für ihr Kind **wünschten** und es nach den Bedürfnissen ihres Kindes **auswählten**, ohne selbst etwas von dem Tier zu verstehen. Der dritte Typ des Tierhalters **bevorzuge** gefährliche Tiere, weil er damit seinen Mut zum Risiko zeigen **wolle**.

Du könntest auch alle Aussagen vom Chef der Reptilien-Klinik oder die vom Vorsitzenden des Tierschutzvereins in indirekter Rede mit Konjunktiv wiedergeben. Deine Inhaltsangabe würde dann aber ziemlich lang und kompliziert werden.

Wichtig

In Zeitungsreportagen werden häufig Fachleute sehr ausführlich zitiert. Du musst dann besonders gut darauf achten, Wichtiges von Unwichtigerem in den Zitaten zu unterscheiden. Unwichtiges lässt du weg – die Umwandlung in indirekte Rede mit Konjunktiv bleibt in deiner Inhaltsangabe somit eine überschaubare Größe.

4 Inhaltsangabe einer Zeitungsreportage

Die Kernaussage formulieren

Manchmal verlangt deine Lehrerin / dein Lehrer das Herausarbeiten der Kernaussage eines Textes. Dies kann in der Einleitung der Inhaltsangabe erfolgen. Besser ist es jedoch im Schlussteil, denn die Kernaussage kannst du erst dann formulieren, wenn du den Text sehr gut kennst – also den Inhalt schon zusammengefasst hast.

Auf welche W-Frage gibt die Kernaussage eine Antwort? – Es ist die Frage *Warum?*, die es hier zu beantworten gilt, also die Frage, warum die Reportage in der Zeitung veröffentlicht wurde.

Wichtig

> Das Erscheinungsdatum einer Reportage oder eines anderen Zeitungsartikels ist meist sehr aufschlussreich für die Deutung der Kernaussage.

Warum also wurde die Reportage in der Zeitung veröffentlicht? – Nun, das Erscheinungsdatum des Artikels (3. Dezember 2001) liegt in der Vorweihnachtszeit. Spätestens dann macht man sich Gedanken über Geschenke. Die Autorin verfolgt wohl zwei Absichten mit ihrem Artikel: Einerseits will sie vor dem unsinnigen Kauf eines exotischen Tieres als Geschenk warnen. Andererseits kann der Artikel Eltern auf die Idee bringen, der Familie mit einem heimischen Haustier eine Freude zu machen. Und wenn eine anerkannte Autorität wie der Philosoph Arthur Schopenhauer schon im 19. Jahrhundert sagte, dass ein Haustier zur Gewaltlosigkeit erzieht, ist dies ein Argument mehr für ein Haustier.

85. Schreibe einen möglichen Schlussteil der Inhaltsangabe mit Kernaussage als Stellungnahme auf die Zeilen.

C Aufgabenstellungen

Eine mögliche Lösung ist:

Stellungnahme

Passend zur Vorweihnachtszeit, in der man sich Gedanken über geeignete Geschenke macht, warnt der Artikel vor dem unsinnigen Kauf eines exotischen Tieres. Doch die Anschaffung eines heimischen Haustieres für Kinder wird empfohlen, weil der Umgang mit einem Haustier zu Gewaltlosigkeit erzieht. Gleichzeitig wird darauf hingewiesen, dass Tiere nicht wie Gegenstände angeschafft werden sollen, da sie viel Zeit und Zuwendung verlangen.

Außerdem könntest du deine eigene Meinung anschließen und etwas über deine Erfahrungen mit einem Haustier sagen – oder deinen Wunsch / deine Abneigung, mit einem Haustier zu leben, kurz zum Ausdruck bringen.

Aufsatzbeispiel

Einleitung

In der Zeitungsreportage „Das Asyl der Exoten" von Susanne Danke, erschienen in der Süddeutschen Zeitung vom 3.12.2001, geht es um die Arbeit in der Reptilien-Abteilung der Tierklinik der Ludwig-Maximilians-Universität München und um die Frage, welche Tiere sich als Haustiere eignen und welche nicht.

Hauptteil

Am Beispiel der Blutabnahme bei der nierenkranken Schildkröte Mickey wird gleich zu Anfang des Artikels die mühevolle Betreuung der kranken exotischen Tiere veranschaulicht. Es bedarf des Einsatzes von drei Fachkräften, damit die Blutabnahme gelingt. Ein Leguan, der drei Woche vorher operiert worden ist, beobachtet die Szene. Spuren einer Eiterbeule sind noch an seinem Maul zu sehen und werden bleiben, weil sein Besitzer den Leguan zu spät in die Tierklinik gebracht hat.

Die Tierärztin Anje meint, dass es drei verschiedene Typen von Tierbesitzern gebe. Es gebe Tierliebhaber, die ihre ganze Umgebung auf ein Zusammenleben mit dem Tier einstellten. Dann gebe es die Eltern, die ein Tier für ihr Kind wünschten und es nach den Bedürfnissen ihres Kindes auswählten, ohne selbst etwas von dem Tier zu verstehen. Der dritte Typ des Tierhalters bevorzuge gefährliche Tiere, weil er damit seinen Mut zum Risiko zeigen wolle.

4 Inhaltsangabe einer Zeitungsreportage

Rudolf Hoffmann, der Leiter der Reptilien-Klinik, weiß aus Erfahrung, dass gefährliche Schlangen letztlich bei ihnen in der Klinik landen, weil es verboten ist, solche Tiere als Haustier zu halten. Sie werden in einem speziellen Raum gut bewacht. Mit dem Beispiel einer im ICE beschlagnahmten giftigen Schwarzen Baumschlange verdeutlicht er die Gefahr, die im Umgang mit solchen gefährlichen Tieren liegt.

Der Vorsitzende des Münchner Tierschutzvereins, Berthold Merkel, ist der Meinung, dass nur heimische Haustiere verschenkt werden sollten. Man solle seiner Meinung nach darauf achten, dass nicht die Freude des Schenkenden, sondern die des Empfängers des Tieres der Grund für die Wahl eines solchen Geschenkes sein müsse. Viele Menschen seien sich nicht bewusst, dass man Tieren viel Zeit und Zuwendung schenken müsse und dass ihre Pflege teuer werden könne. Mit einem Zitat des Philosophen Arthur Schopenhauer unterstreicht Merkel die Bedeutung eines Haustieres für die Entwicklung eines Kindes. Durch den Umgang mit einem Tier wird das Kind zur Gewaltlosigkeit erzogen. Aber die Tierart muss dem Alter des Kindes angemessen sein.

Stellungnahme

Passend zur Vorweihnachtszeit, in der man sich Gedanken über geeignete Geschenke macht, warnt der Artikel vor dem unsinnigen Kauf eines exotischen Tieres. Doch die Anschaffung eines heimischen Haustieres für Kinder wird empfohlen, weil der Umgang mit einem Haustier zu Gewaltlosigkeit erzieht. Gleichzeitig wird darauf hingewiesen, dass Tiere nicht wie Gegenstände angeschafft werden sollen, da sie viel Zeit und Zuwendung verlangen.

Quellenangaben

Seite 8f. und Seite 22f.: Auguste Lechner, *Parzival*, Innsbruck/Wien/München (Tyrolia), 6. Auflage 1977.

Seite 40 – 43: William M. Harg, Der Retter, in: *Sprachbuch 4*, München (Oldenbourg), 1985.

Seite 60 – 65: Federica de Cesco, Spaghetti für zwei, aus: dies., *Freundschaft hat viele Gesichter*, Luzern/Stuttgart (Rex), 1986.

Seite 86 – 90: Siegfried Lenz, Das unterbrochene Schweigen, in: ders., *Der Geist der Mirabelle*, Hamburg (Hoffmann und Campe), 1975.

Seite 114ff.: adaptierter Text nach Susanne Danke, Das Asyl der Exoten und nach dem Interview von Stephan Handel mit dem Tierschützer Berthold Merkel, „Keine Papageien unter dem Christbaum" in: *Süddeutsche Zeitung* vom 3.12.2001.